KB025054

일단 잘될 거라 말해요

내 삶을 원하는 대로 이끄는 기적의 말습관

일단 잘될 거라 말해요

오수향
지음

한밤의책

들어가는 말

당신이 내뱉는 말이 곧 당신이다

"바다를 생각하지 마세요."

아마도 당신은 위의 문장에서 '바다'라는 단어를 보자마자 파도치는 모래사장과 날아다니는 갈매기들, 소금기 있는 비릿한 바람이나 탁 트인 부두의 모습을 떠올렸을지도 모른다. 문장에서는 '바다'를 생각하지 말라고 했는데도 말이다.

어째서 이런 일이 일어나는 걸까? 그 이유는 우리의 뇌가 "~하지 말라"와 같은 부정적 개념을 잘 이해하지 못하기 때문이다. 인간의 뇌는 무언가를 단순히 언급하기만 해도 자극을 받는다. 바다를 생각하지 말라는 말을 듣고도 바다를 떠올리게 되는 이유다.

그렇다면 뇌를 우리가 원하는 방향으로 움직이게 하려면 어떻게 해야 할까? 그 해법은 우리 입에서 나오는 말을 긍정형으로 바꾸는 것이다. 만약 바다를 떠올리지 말라고 하는 대신, 산에 대해 생각해보라고 말한다면 어떤 일이 일어날까? 그 순간 우리 뇌는 짙은 초록색 이파리 사이로 부서지는 햇빛, 울창하게 뻗은 나뭇가지와 소담히 피어난 꽃송이, 졸졸 흐르는 개울과 향긋한 흙냄새를 떠올릴 것이다. 그러면 자연스럽게 바다에 관한 생각은 하지 않게 된다.

이 원리를 자신의 무기로 사용하는 사람들이 있다. 바로 스키 선수들이다. 하얀 설산을 미끄러지듯 내려오는 스키 선수들의 최고 속도는 시속 150km를 넘는다. 게다가 이들은 장애물 사이를 헤치며 정확한 코스를 내달려야 한다. 이들이 그토록 빠르고 정확하게 달릴 수 있는 비결이 바로 '긍정적 말하기'이다. 이들은 절대 "장애물에 부딪히면 안 돼"라고 말하지 않는다. 그랬다간 자신을 가로막는 장애물밖에 보이지 않기 때문이다. 그 대신 선수들은 "코스를 따라가자"라고 말한다. 그 순간 선수들의 눈앞엔 자신이 나아가야 할 길이 펼쳐지기 시작한다.

이처럼 자신에게 어떤 말을 들려주느냐에 따라서 당신이 바라보는 세상이 달라지고, 당신의 행동이 달라진다. 말속에는 눈앞의 문제를 해결할 힘뿐만 아니라, 인생 전체를 바꿔놓을 힘까지 담겨 있는 것이다.

1990년대 전 세계를 주름잡으며 비틀즈 이후 영국 최고의 밴드라 불리던 그룹이 있었다. 바로 '오아시스'다. 그러나 이 밴드를 이끄는 작곡가이자 기타리스트였던 노엘 갤러거의 유년 시절은 매우 불우했다. 어릴 때 그는 아버지로부터 심한 가정폭력을 당했는데, 그 정도가 어찌나 심했는지 기절할 때까지 맞다가 코가 두 번이나 부러졌을 정도였다. 이런 가정 환경의 영향 때문일까, 그는 상당한 문제아로 자라나기도 했다. 엎친 데 덮친 격으로 15살 무렵엔 학교에서 퇴학당하기까지 했다. 결국 그는 스무 살이 채 되기도 전에 제과점, 세탁소, 건설 현장 등 다양한 일자리를 전전하며 입에 풀칠할 돈을 벌어야 했다.

그랬던 그가 어떻게 세계 최고의 뮤지션이 될 수 있었던 걸까? 그 비결을 묻는 TV쇼 진행자에게 노엘 갤러거는 이렇게 대답했다.

"난 항상 인생이란 멋진 것이라고 믿었습니다. 매일 아침 침대에서 눈을 뜨면 이렇게 말했어요. '오늘도 기분 최고군! 어쩌면 좋은 일이 생길지도 몰라!'라고 말이에요."

노엘 갤러거의 인생은 정말 그 말처럼 낙관적으로 흘러갔다. 비록 그의 유년기는 참혹하고 어두웠지만, 그는 매일 아침 스스로에게 들려주는 긍정적인 말을 통해 자신의 마음가짐을 변화시켰고, 그가 살아가는 세상의 풍경을 뒤바꿔 놓았다.

그가 주문처럼 되뇐 '마법의 말'이 없었더라면 과연 그는 그토록 감미롭고 경쾌한 음악을 만들어낼 수 있었을까? 과연 자신의 인생을 불행에서 건져 올리고 많은 사람에게 사랑을 받을 수 있었을까?

만약 당신도 노엘 갤러거처럼 인생의 변화를 이끌어 내고 싶다면, 일단 잘될 거라 말해보자. 이 책의 제목처럼 말이다. 이 책은 다양한 사례와 일화들을 통해 부정적 말투를 바로잡고 긍정적인 말투와 사고방식으로 무장하는 법을 다룬다. 이를 통해 여러분은 자존감을 키우고 인간관계를 풀어나가는 법, 맡은 일에서 좋은 성과를 내고 부를 끌어당기는 법, 나아가 삶의 중심을 잡고 미래를 설계하는 법을 터득할 수 있을 것이다.

긍정적 말하기를 습관화하는 순간, 우리 인생은 극적으로 변화하기 시작한다. 변화는 특별한 사람들의 전유물이 아니다. 누구나 이런 변화를 경험할 수 있다. 남다른 기술이나 노하우도 필요 없다. 단지 긍정적인 말을 소리 내어 말하는 것만으로도 충분하다. 그러면 우리의 뇌는 자연스레 현실을 새로운 시각으로 바라보고 돌파구를 찾기 시작한다. 하늘이 무너졌을 때 솟아날 구멍을 찾아내는 사람은, 솟아날 구멍이 있다고 믿고 찾아 나서는 사람인 법이다.

인생을 바꿀 준비가 되었는가? 그렇다면 망설이지 말고 페이지를 넘기길 바란다. 이 책을 읽은 여러분이 자신의 말을 긍정적인 언어로 다듬을 수 있다면, 그리하여 여러분이 자신의 인생을 바꾸어낼 힘을 얻는다면 저자로서는 더 바랄 나위가 없을 것이다.

오수향

차례

2장 말을 바꾸면 자존감이 자란다

3장 말을 바꾸면 인간관계가 달라진다

4장 말을 바꾸면 일이 술술 풀린다

5장 말을 바꾸면 돈이 풍족해진다

6장 말을 바꾸면 미래가 밝아진다

1장

말을 바꾸면 인생이 바뀐다

"인간 언어의 위대함은

우리가 눈앞에 펼쳐진 것 이상을

보게 만든다는 데 있다."

— 루이스 토마스

01

당신의 말은 현실이 된다

"중요한 것은 꺾이지 않는 마음."

2022년 우리를 울고 웃게 했던 모든 기적은 이 단 한 줄로부터 시작되었다 해도 과언이 아니다. 같은 해 카타르 월드컵 조별리그에서 강호 포르투갈을 상대로 승리를 거둔 후, 대한민국 국가대표 선수들이 들어 올린 태극기에도 역시 이 문구가 적혀 있었다. 주전 선수들의 잇단 부상, 파울루 벤투 감독의 퇴장 등 악조건에도 불구하고 국가대표 선수들이 보여 준 '꺾이지 않는 마음'은 우리 모두의 가슴을 벅차오르게 만들기 충분했다.

이 기적의 한마디가 처음 시작된 곳은 E-스포츠계였다. 그 주인공은 리그 오브 레전드 프로게이머로 활약하고 있는 '데프트' 김혁규 선수다. 선수 수명이 짧다고 악명 높은 E-스포츠에서 10년씩이나 좋은 커리어를 쌓아 온 김혁규 선수였지만, 그는 유독 월드 챔피언십 우승과는 거리가 멀었다.

그의 소속팀인 DRX도 마찬가지였다. DRX는 매번 월드 챔피언십이 치러질 때마다 최약체 취급을 받기 일쑤였다. 설상가상 첫 경기마저 패배하자, 사람들은 '곧 떨어질 팀'이라며 비웃기까지 했다. 그러나 첫 경기가 끝난 직후, 패배 소감을 묻는 기자의 질문에 김혁규 선수는 당차게 대답했다.

"오늘 지긴 했지만, 저희끼리만 안 무너지면 충분히 이길 수 있어요."

이 인터뷰가 언론을 통해 보도되며 얻은 제목이 바로 "중요한 것은 꺾이지 않는 마음"이었다. 기적은 바로 이 순간부터 시작되었다. 김혁규 선수와 DRX는 바로 다음 경기부터 파죽지세로 승리를 이어갔다. 디펜딩 챔피언도, 강력한 우승 후보도 이들의 '꺾이지 않는 마음'을 꺾을 수는 없었다. 결국 김혁규 선수는 자신의 인터뷰를 현실로 만들며 꿈에 그리던 월드 챔피언십 우승컵을 들어올릴 수 있었다.

이 문구의 기적은 E-스포츠계에서 끝나지 않았다. 카타르 월드컵에 출전한 태극전사들 역시 기적의 주인공이 되었다. 월드컵 16강 진출을 결정지은 후 인터뷰에서 조규성 선수는 "지고 있을 때나, 이기고 있을 때나 그 말을 되뇌면서 한 발짝 더 뛸 수 있었던 것 같다"라며 소회를 밝혔다. 손흥민 선수 역시 "그 말이 경기에 영향을 줬다, 너무나도 멋있는 말이다"라며 찬사를 아끼지 않았다. 중요한 것은 꺾이지 않는 마음. 그 말속에 담긴 마력과도 같은 힘이 이들 모두를 기적과도 같은 찬란한 승리로 이끈 것이다.

전설적인 복싱 영웅 무하마드 알리 또한 마찬가지다. 그는 무명 선수 시절에 항상 "나는 최고가 될 거야. 나는 최고야"라고 외치고 다녔다. 매스컴은 그를 허풍쟁이로 여겼지만, 알리의 행보는 예상 밖이었다. 입만 살아 있는 애송이인 줄 알았던 그가 정말로 기라성 같은 프로 선수들을 연이어 무너뜨린 것이다. 1962년 세계 라이트헤비급 챔피언 아치 무어와의 경기에 앞서 그는 "무어를 4회에 KO시킬 것이다"라고 외쳤다. 그리고 이후 치러진 경기에서 알리는 정말로 4회 KO승을 거두었다.

몇 년간의 공백기 이후 30대가 되어 경기를 펼쳤을 때도 그의 말은 여전히 위력적이었다. 40연승을 달리던 헤비급 챔피언 조지 포먼과의 경기 전, 알리는 "내가 위대하다는 걸 증명하기 위해 8라운드에 끝낼 것이다"라고 외쳤다. 그리고 알리는 정말 그 말대로 자신보다 일곱 살이나 어린 포먼에게 8라운드 KO승을 거두었다.

사람들은 자기 예언을 실현해낸 그에게 고향의 이름을 따서 '루이빌의 입술'이라는 별명을 붙여주었다. 루이빌의 입술에는 정말로 현실을 바꾸는 위력이 깃들어 있었다. 그는 승리 비결을 묻는 기자의 질문에 이렇게 답한 바 있다. "내 승리의 절반은 주먹이 아닌 말에 있었다."

나 역시 말에 담긴 힘을 실제로 체험한 사람이다. 어린 시절 나의 부모님은 신발 공장에 다니며 생계를 이어갔고, 우리 집은 늘 가난에 허덕였다. 기찻길 옆 허름한 다세대 주택에 살았던 우리 가족은 하루 종일 귀에 인이 박일 정도로 기차 소리를 들어야 했다. 당시 나는 특별히 잘하는 것도 없었고, 이루고 싶은 꿈도 없었다. 하지만 엄마는 늘 "즐겁게 살아라"라는 응원을 아끼지 않았다. 이 말은 지금까지도 내 마음 깊은 곳에 주춧돌처럼 놓여 있다.

내가 프로 강사의 길을 걷기 시작했을 때, 주위에서는 내게 아무런 기대를 하지 않았다. 크게 내세울 것 없는 학력에 튀는 외모도 아니었기 때문이다. 그렇지만 엄마의 응원에 힘입어 낙관적인 마음가짐으로 가득했던 나는 마음속으로 늘 외쳤다.

'언젠가 사람들에게 스타 강사가 된 내 모습을 보여주고야 말겠어.'

이 말은 강력한 주문이 되어, 지방에서 강의 하나 얻기 힘들던 나를 전국의 심리 소통 대화법 일타강사로 만들어주었다. 이후 나는 여러 기업, 기관, 대학은 물론 다양한 방송 프로그램에도 출연했으며, 전국의 내로라하는 명사 초청 강연에도 초대받아 강의를 이어가고 있다.

기억하라. 허투루 내뱉은 말은 허공으로 흩어져 힘없이 사라지고 만다. 이와 달리 간절한 마음을 담은 말에는 에너지가 응축되어 있다. 이 에너지는 절망과 실망으로 가득한 현실을 180도 뒤바꿔놓는다. 강조하건대, 말은 정말로 현실을 바꾸는 힘을 가지고 있다.

02

뇌는 말하는 대로 믿는다

김혁규 선수와 무하마드 알리, 그리고 나는 말의 힘으로 현실을 바꿔놓았다. 어떻게 이런 일이 가능했을까? 어쩌면 모든 게 우연일 뿐이라며 코웃음 칠지도 모르겠으나, 이는 우연이 아니다. 말에는 정말로 현실을 바꿀 수 있는 힘이 깃들어 있으며, 여러 연구와 이론이 이를 뒷받침하고 있다.

그 첫 번째 근거는 《네 안에 잠든 거인을 깨워라》의 저자 토니 로빈스가 강조하는 신경언어프로그래밍Neuro-Linguistic Programming, NLP이다. NLP는 사람의 말과 행동을 체계적으로 분석하고, 이에 특정한 테크닉을 적용함으로써 목표를 효과적으로 성취할 수 있다는 이론이다. NLP 이론의 핵심은 신경과 언어가 밀접하게 연결되어 있다는 점을 이용하는 것이다. NLP 이론에 따르면 언어를 긍정적인 방향으로 조정함으로써, 내면의 탁월성과 우수성을 발현시킬 수 있다.

NLP 이론에 대한 대표적인 근거는 뇌의 특성에서 찾을 수 있다. 뇌는 현실과 상상을 구별하지 못하는 착각 덩어리다. 그래서 레몬을 먹는 상상만 해도 레몬을 먹을 때와 마찬가지로 입안에 침이 고이며, 또한 연인과 키스를 한다는 상상만 해도 뇌에서는 기쁨을 느끼는 호르몬인 도파민이 분비된다.

이처럼 뇌가 현실과 상상을 잘 구분하지 못한다는 사실을 잘 보여주는 예가 바로 '플라세보 효과Placebo Effect, 속임약 효과'다. 플라세보 효과는 의사가 환자를 속이고 가짜 약을 주더라도, 환자가 이를 진짜 약이라고 믿으면 병세가 호전되는 효과를 뜻한다.

이처럼 NLP는 뇌 특유의 착각하는 특성을 활용해 뇌의 잠재력을 극대화한다. 이때 핵심적인 역할을 하는 것이 바로 말이다. 이를 두고 토니 로빈스는 이렇게 말한다.

"우리 삶의 경험을 그대로 나타내는 말을 효과적으로 선택하면 활력을 주는 감정을 불러일으킬 수 있다. 반대로 말을 잘못 선택하면 사람이 순식간에 황폐해진다. 그런데도 대부분의 사람은 자신이 사용할 말을 아무 생각 없이 선택한다. 자신이 가진 가능성의 미궁 속을 생각 없이 몽유병자처럼 떠돌아다니는 셈이다. 현명한 선택으로 말이 얼마나 큰 힘을 발휘하는지 깨달아야 한다."

우리는 말로 뇌를 속일 수 있다. 희망차고 긍정적인 말을 꾸준히 되풀이하면, 뇌는 점차 그것을 믿기 시작한다. 말의 변화가 뇌의 잠재력을 이끌어내는 것이다. 이로써 우리는 어렵고 힘든 상황에서도 돌파구를 찾아내고 실현할 수 있다. 이처럼 NLP는 뇌를 속이는 말의 위력을 이용하여 현재 심리 상담과 치료, 비즈니스와 라이프 코칭, 스포츠 멘탈 트레이닝 분야에서 활발하게 활용되고 있다.

말의 위력을 보여주는 두 번째 근거는 전 세계에서 수천만 권이 팔린 론다 번의 베스트셀러, 《시크릿》이 강조하는 '끌어당김의 법칙'이다. 론다 번은 생각과 물질이 모두 고유한 에너지와 주파수를 갖고 있기 때문에, 어떤 것을 강력하게 원하면 그 주파수에 이끌려 그러한 생각이 정말로 실현된다고 말한다. 요컨대 강렬한 생각이 같은 주파수의 물질을 끌어당긴다는 것이다. 이에 관해 책에서는 다음과 같이 설명하고 있다.

"생각은 자석이다. 생각에는 주파수가 있다. 당신이 생각할 때 그 생각은 우주로 전송되어 같은 주파수에 있는 비슷한 것들을 자석처럼 끌어당긴다. 전송된 것은 모조리 원점으로 되돌아간다. 그리고 원점이란 바로 당신이다."

끌어당김의 법칙은 세 단계의 순서로 이루어져 있다. 먼저 1단계에서는 원하는 것을 요청한다. 이어서 2단계에서는 원하는 것을 이미 얻은 것처럼 행동하고 말하고 생각한다. 마지막으로 3단계에서는 원하는 것이 실현되었을 때의 감정을 상상한다. 이 세 단계를 충실히 실천하면 끌어당김의 법칙이 마치 요술램프처럼 소망을 현실로 만들어 준다.

끌어당김의 법칙에서도 핵심은 결국 말이다. 어딘가를 방문할 때 "즐거운 경험이 될 거야"라고 혼잣말을 하면 실제로 즐거운 경험을 할 가능성이 커지고, 시간이 부족할 때 "나는 정해진 시간 내에 해낼 수 있다"라고 자신감을 불어넣어주면 정말로 제시간에 해낼 가능성이 커진다.

NLP와 끌어당김의 법칙 모두 원하는 것을 얻고 싶다면 말의 힘을 믿으라고 강조한다. 말의 힘은 자신 내부의 잠재력을 끌어올릴 수도 있고, 외부의 힘을 끌어당길 수도 있다. 요컨대 말의 힘은 자신과 현실을 변화시킨다.

핵심은 이것이다. 생각만으로 그쳐서는 안 된다. 강력한 믿음을 갖고 말을 입 밖으로 내뱉는 과정이 필요하다. 당신이 자신의 잠재력을 극대화하고 삶을 창조적으로 이끌고자 한다면, 소망하는 언어에 간절히 기대어보자.

03

말하는 대로 행동이 바뀐다

존 바그 예일대학교 사회심리학과 교수는 1995년 뉴욕 대학교에서 두 가지 흥미로운 실험을 진행했다.

첫 번째 실험은 이렇다. 대학생을 두 그룹으로 나누어 한 그룹에게는 '공격적인, 대담한, 무례한, 귀찮게 하는, 방해하는, 침범하는'처럼 무례함과 관련된 15개의 단어로 문장을 만들게 했다. 또 다른 그룹에게는 '예의 바른, 배려하는, 고마워하는, 참을성 있는, 다정한, 양보하는'과 같이 예의범절과 관련된 15개의 단어로 문장을 만들게 했다.

학생들이 문장을 다 만들자, 바그 교수가 말했다.

"한 명씩 사무실에 가서 실험 감독관에게 다음 실험 과제를 받으세요."

그 말에 따라 학생들은 밖으로 나와 사무실로 걸어갔다. 그런데 이때 바그 교수는 미리 섭외해 둔 공모자에게 사무실 앞에서 실험 감독관과 대화를 나누고 있으라는 지시를 내려 둔 상태였다. 학생들은 감독관에게 다가갔지만, 감독관이 공모자와 대화를 나누고 있었기 때문에 다음 실험 과제를 받을 수 없었다. 실험에 참여한 대학생들은 그들의 대화가 끝날 때까지 기다려야 했다. 바그 교수는 그들이 10분을 기다릴 수 있는지 살폈다.

그 결과, 학생들은 그룹에 따라 뚜렷한 태도의 차이를 보였다. 무례함과 관련된 단어로 문장을 만든 학생들은 오래 참지 못하고 실험 감독관의 대화에 끼어들기 일쑤였다. 그리하여 이들 중 10분 동안 대화를 방해하지 않고 기다린 학생의 비율은 고작 37%에 그쳤다. 이에 반해 예의범절과 관련된 단어로 문장을 만든 대학생들은 비교적 오랜 시간을 끈기 있게 기다렸다. 이들 중 10분 동안 대화가 끝나길 기다린 학생의 비율은 무려 82%에 달했다.

두 번째 실험도 위 실험과 비슷하다. 바그 교수는 두 그룹으로 나뉜 대학생 중 한 그룹에게는 '걱정하는, 나이 많은, 외로운, 회색빛을 띤, 조심하는, 주름진' 등 노인을 연상시키는 단어 15개로 문장을 만들게 했다. 한편 다른 그룹에게는 '동작, 가끔, 빨리, 유쾌한, 경험이 풍부한, 낙관적인' 등 중립적인 의미의 15개 단어로 문장을 만들게 했다.

잠시 후, 문장을 다 만든 대학생들은 자연스럽게 실험실에서 나와 복도를 걷기 시작했다. 이때 바그 교수는 학생들이 복도를 걷는 데 걸린 시간을 측정했다. 중립적인 단어로 문장을 만든 학생들이 실험실부터 엘리베이터까지의 9.75m를 걷는 데 걸린 시간은 평균 7.30초였다. 반면 노인과 관련된 단어로 문장을 만든 대학생들의 걸음은 평균 8.28초였다. 똑같은 20대 청년들인데도, 다른 단어를 사용한 학생들의 걸음걸이에 평균 1초의 차이가 생긴 것이다.

어째서 이런 일이 생긴 걸까? 그 이유는 단어를 사용하는 것만으로도 뇌에 무의식적인 자극을 주기 때문이다. 노인과 무례함을 연상시키는 단어는 뇌에 부정적 영향을 미쳐 동작을 느리게 만들거나 무례한 행동을 유발한다. 반면 예의범절을 연상시키는 단어는 뇌에 긍정적 영향을 미쳐 예의 바른 행동을 촉진한다. 심리학에서는 이를 '점화 효과'라고 부른다.

실험에 사용된 것은 문자언어였지만 음성언어를 이용한다고 해도 결과는 별반 다르지 않다. 부정적인 단어 혹은 문장을 말하면 신체 능력이 떨어지거나 부정적인 행동을 유발하고, 긍정적인 단어나 문장을 말하면 신체 능력이 높아지거나 긍정적인 행동을 촉진하게 된다.

이처럼 말의 힘을 통해 우리는 자신의 삶을 통제하고 긍정적인 방향으로 이끌어갈 수 있다. 이 사실을 자신의 삶으로 증명한 사람이 있다. 바로 한양대학교 교육공학과의 '지식생태학자' 유영만 교수다. 그는 다른 교수들처럼 엘리트 코스를 밟아 온 사람이 아니다. 오히려 그는 과거 공고 출신의 용접공이었다. 자신의 말마따나 '평범한 공돌이'였던 그의 인생은 서점에서 우연히 만난 사법고시 합격 수기집을 펼치며 변화하기 시작했다.

책 속에는 공고 출신의 기술자가 돌연 법대에 입학한 후 피나는 노력 끝에 사법고시에 합격한 이야기가 담겨 있었다. 책 속의 "나도 했다, 당신도 할 수 있다"라는 문장을 읽는 순간 유영만 교수는 자기도 모르게 중얼거렸다고 한다.

"그래. 이 사람도 하는데, 나라고 못할까?"

그날로 그는 술과 사람을 끊고 낮에는 용접, 밤에는 수험공부에 매달렸다. 독한 주경야독의 시간이 지나고, 그는 마침내 한양대학교 교육공학과에 입학할 수 있었다. 늦깎이로 시작한 대학 생활은 결코 순탄치 않았지만, 그의 입에서 "나라고 못할까"라는 말이 떨어지는 일은 없었다. 그 결과 유영만 교수는 미국 플로리다 주립대학교에서 교육공학 박사학위를 취득했고, 현재는 모교에서 제자들을 가르치며 수많은 저서를 집필해내고 있다.

《긍정의 힘》의 저자 조엘 오스틴은 말이란 자신에게 하는 예언이라고 했다. 그의 말에 따르면, 많은 사람이 "나는 안 돼", "난 할 수 없어", "내게 성공 따위 일어나지 않아" 등 부정적인 말을 함으로써 자기 자신을 실패자라고 단정해 버린다. 이를 피하기 위해 그는 긍정적인 말을 사용하라고 강조한다. 건설적이고 희망적인 인생을 살고 싶다면, 긍정적인 말이 주는 힘을 적극 활용해야 한다는 것이다. 조엘 오스틴은 다음과 같이 당부한다. 이를 통해 평소 자신의 말투를 돌이켜 보기로 하자.

"말은 씨앗과 비슷하다. 입 밖으로 나온 말은 우리의 무의식 속에 심어져 생명력을 얻는다. 그리고 뿌리를 내리고 자라서 그 내용과 똑같은 열매를 맺는다. 우리가 긍정적인 말을 하면 우리 삶은 긍정적인 방향으로 펼쳐진다. 부정적인 말은 부정적인 결과를 낳는다. 패배와 실패를 말하면서 승리의 삶을 살려고 애써봐야 아무 소용없다. 뿌린 그대로 수확할 뿐이다."

04

흉기가 되는 말, 무기가 되는 말

"미친X이."

"대체 왜 너 같은 것들은 좋은 말로 하면 듣지를 않지?"

"더 해봐, 더 나불거려 보라고."

넷플릭스 드라마 〈더 글로리〉의 악역 박연진. 그녀는 자신과 같은 학교에 다니는 문동은과 윤소희에게 미처 입에 담지 못할 폭언과 욕설을 퍼붓는다. 모욕과 멸시로 가득한 언어폭력은 어린 피해자들에게 씻을 수 없는 상처를 남겼다. 그런데 연진이 놓치고 있는 점이 있다. 바로 거칠고 폭력적인 말은 듣는 사람뿐만 아니라 말하는 사람의 뇌까지 망친다는 사실이다.

2010년 마틴 타이커 미국 하버드의과대학 교수팀의 연구 결과에 따르면, 어린 시절 부모나 주변 사람에게 언어폭력을 당한 사람은 뇌의 특정 부위가 위축된 것으로 나타났다. 연구진은 어린 시절 언어폭력을 당한 성인의 뇌에서 좌뇌와 우뇌를 연결해주는 뇌들보(뇌량), 감정과 기억을 담당하는 해마가 정상적으로 발달하지 않은 것을 발견했다.

이들의 뇌가 정상적으로 발달하지 못한 이유는 스트레스에 반응하는 호르몬인 코르티솔 때문이다. 언어폭력으로 인해 스트레스를 받게 되면, 우리 몸속 콩팥에서는 코르티솔이 분비된다. 코르티솔은 호흡을 빠르게 만들고 혈압을 높여 우리 몸이 스트레스 상황에 대응할 수 있게 만들지만, 너무 많은 양이 지속적으로 분비되면 뇌 성장을 방해한다. 그 결과 언어폭력에 시달린 사람은 다른 사람보다 작은 뇌들보와 해마를 갖게 되는 것이다.

그뿐만 아니라 언어폭력은 우울증, 불안장애, 자율신경계 이상, 인격 장애 등을 일으킨다. 한국보건정보통계학회는 한 사업장에 근무하는 직장인 176명을 대상으로 언어폭력 경험 유무에 따른 정신건강점수GHQ를 분석했다. 점수가 높을수록 정신건강이 나쁘다는 의미다. 조사 결과, 언어폭력을 경험한 그룹의 정신건강점수(49.40)는 언어폭력 경험이 없는 그룹(44.18)보다 5점 이상 높다는 사실을 확인할 수 있었다. 이렇듯 거칠고 폭력적인 말은 뇌를 망가뜨리는 날카로운 흉기가 된다.

그렇다면 이와 반대로 뇌를 춤추게 하는 말투는 없을까? 말이 뇌에 부정적인 영향을 끼칠 수 있다면, 역으로 긍정적인 영향을 끼칠 수도 있을 테니 말이다. 실제로 그런 작용을 하는 말이 있다.

"사랑해."

"늘 최선을 다해줘서 고마워."

"내가 늘 옆에서 지켜보면서 응원하는 거 알지?"

이처럼 사랑을 담은 말은 듣는 사람의 뇌를 춤추게 한다. 그 이유는 바로 옥시토신이라는 호르몬 때문이다. 옥시토신은 사랑의 호르몬이라고도 불리며, 분노와 불안을 감소시켜 주고 행복감을 가져다 준다. 이시형 정신의학과 박사는 저서 《옥시토신의 힘》에서 옥시토신의 중요성을 강조한다.

> "옥시토신이 넘쳐나면 세상 모든 걸 애정으로 바라보게 된다. 어느 하나 사랑스럽지 않은 게 없다. 옥시토신이야말로 세계 평화의 메신저다."

그렇다면 옥시토신을 충분히 분비시키기 위해서는 어떻게 해야 할까? 그 비결은 사랑하는 대상과 눈을 맞추며 대화하는 것이다. 당연하게도 이 대화는 거칠고 모욕적인 말투가 아니라 사랑이 담긴 긍정적인 말투로 이루어져야 한다. 옥시토신은 정서적 지지를 받거나 즐거운 대화를 할 때 많이 분비되기 때문이다.

2014년 〈하버드 비즈니스 리뷰〉에 실린 "긍정적인 대화의 신경과학"이라는 글을 쓴 주디스 글레이저와 리처드 글레이저 역시 같은 주장을 한다. 긍정적이고 개방적인 말이 옥시토신 호르몬의 분비를 돕는다는 것이다.

또한 옥시토신 분비를 촉진하는 위로와 격려, 칭찬은 대화지능Conversational Intelligence을 높인다고 한다. 대화지능이란 사람 간의 관계를 연결하고 함께 성장하게끔 이끄는 유일하면서도 가장 중요한 지능으로, 혁신적이고 창조적이며 공감도가 높은 대화를 할 수 있도록 돕는다. 다시 말해 부정적인 대화는 코르티솔 분비를 촉진해 대화지능을 낮추고, 긍정적인 대화는 옥시토신 분비를 촉진해 대화지능을 높인다.

이처럼 부정적인 말투는 듣는 이에게뿐만 아니라 그 말을 내뱉는 당사자에게도 건강에 해로운 호르몬을 분비한다. 이와 달리 긍정적인 말은 말하는 사람은 물론 듣는 사람까지 모두의 뇌를 춤추게 한다. 긍정적인 말을 사용하는 것은 나에게나 상대방에게나 모두 이로운 일인 셈이다.

05

내가 한 말이 나를 만든다

평소에 "나는 잘될 거야"라고 이야기한다고 해서 모든 일이 무조건 잘되는 것은 아니다. 무엇보다 말에는 간절함과 확신이 담겨 있어야 한다. 이처럼 말을 현실화하는 데에 특별히 효과가 좋은 몇 가지 말하기 방법이 있다.

첫 번째는 자기 암시다. 거울을 보면서 미래의 내 모습을 떠올리며, 스스로 암시를 거는 것이다. 내가 원하는 나의 모습이나 상황을 머릿속에 이미지로 떠올리면서 그것을 한 문장으로 표현하여 되뇌는 방법도 좋고, 목표를 수치화하여 되뇌는 방법도 좋다. 또한 자기 암시를 할 때는 미래형으로 이야기하는 것보다 "…하고 있다" 혹은 "…이 된다"처럼 현재형으로 말하는 것이 더욱 효과가 좋다.

두 번째는 자기 대화다. 자신의 상태를 점검하고, 자신의 감정을 있는 그대로 받아들이면서 이를 긍정적인 에너지로 바꾸는 것이다. 이를 통해 성취감과 자제력을 눈에 띄게 끌어올릴 수 있다.

자기 대화를 실천하는 데에는 크게 두 가지 방법이 있다. 먼저, 자신에게 묻고 답하기다. 이는 '질문-행동 효과'로 알려져 있다. '열심히 운동을 하자'라고 다짐하는 것보다, 자기 자신에게 "열심히 운동할 거지?"라고 질문하고 "그래, 열심히 할 거야!"라고 답하는 게 성취도가 더 높다는 것이다.

이는 미국 캘리포니아주립대학교, 뉴욕주립대학교, 워싱턴주립대학교, 아이다호대학교 공동 연구팀의 분석 결과를 통해 밝혀졌다. 연구팀은 40년 동안 발표된 100여 편의 심리학 연구 결과를 종합하고 분석했는데, 그중에서도 이들은 '운동 다짐' 실험에 주목했다. 이 실험은 대학생들을 대상으로 진행되었는데, 이들 중 이미 꾸준히 운동을 하고 있는 사람의 비율은 14% 정도에 불과했다. 이에 '운동 다짐' 실험의 연구원은 대학생들에게 한 가지 과제를 주었다. 그 과제란 스스로에게 "두 달 동안 꾸준히 운동할 거지?"라고 질문한 뒤 "그래"라고 답하는 것이었다. 그로부터 두 달이 지난 뒤,

연구원은 이들이 정말로 운동을 꾸준히 하고 있는지를 추적 조사했다. 결과는 기대 이상이었다. 꾸준히 운동을 하는 사람의 비율이 26%로 증가했던 것이다. 에릭 슈팡겐베르크 캘리포니아주립대 박사는 다음과 같이 덧붙였다.

"질문은 간단한 것이지만 다양한 분야에서 지속적이고 중요한 행동 변화를 일으키는 데 효과적인 기술이다."

자기 대화의 효과를 높이는 다른 한 가지 방법은 자신을 2인칭화해서 대화하기다. 쉽게 말해 "나는 다이어트에 성공할 수 있다"라고 말하는 것보다 "○○야, 너는 다이어트에 성공할 수 있어"라고 말하는 게 더 효과적이라는 것이다.

이는 미국 일리노이대학교 심리학과 연구진이 대학생 135명을 대상으로 한 '혼잣말과 자제력에 대한 연구'에서 밝혀졌다. 운동을 계획하는 대학생을 2주 동안 조사한 결과, '나'로 시작하는 다짐을 하는 학생들보다 자신을 2인칭화하여 '너'로 시작하는 다짐을 한 학생들이 운동 계획을 더 잘 지킨 것으로 나타났다. 이 연구를 진행한 산다 돌코스 교수는 자신을 '너'라고 부르며 다짐할 경우 성취도가 높은 이유를 다음과 같이 설명했다.

"혼잣말을 자주 하는 사람들은 자기 행동에 대한 자제력이 더 크게 나타났다. 원하는 목표를 달성할 때까지 혼잣말로 이를 계속 인지하는 것이 계획을 지키는 데 도움을 준다. 특히 자신을 2인칭으로 칭찬하는 것이 더 큰 효과를 보였다. 이는 어린 시절 다른 사람들로부터 지지와 격려를 받았던 긍정적인 기억을 떠올리게 해 확실한 동기 부여가 되기 때문이다."

말을 현실로 만드는 데 탁월한 효과를 발휘하는 세 번째 방법은 롤모델이나 멘토로 삼고 싶은 사람의 좌우명, 혹은 인생의 지침이 될 만한 명언을 가슴에 새기고 시시때때로 되뇌는 것이다. 사회적으로 성공한 사람 치고 가슴에 품고 있는 좌우명이나 명언이 없는 사람은 거의 없다. 성공에 대한 열망을 담은 좌우명과 명언은 그들이 무너지지 않고 앞으로 나아갈 수 있게 지지해준다. 우리 역시 그들의 좌우명을 빌려와, 난관을 헤쳐나갈 힘을 얻을 수 있다.

물론 위의 세 가지 방법을 아무렇게나 사용한다고 해서 항상 좋은 결과가 나오는 것은 아니다. 말하기 방식의 특징에 따라 저마다 활용법이 다르다.

자기 암시의 경우 중단기 목표를 이루고 싶을 때 활용하면 좋다. 자기 암시를 통해 눈앞의 작은 목표를 성취하면서 사소하지만 중요한 성공의 경험을 꾸준히 쌓아나간다면 장기적인 최종 목표를 이룰 가능성 또한 더욱 커진다.

한편 자기 대화는 삶에 의문이 들거나 슬럼프에 처했을 때처럼, 인생의 전환점을 앞뒀을 때 활용하면 좋다. 이를 통해 나의 감정과 상황을 객관적으로 들여다보고, 자신을 깊이 되돌아본다면 자제력을 단련하고 높은 성취를 이룰 수 있을 것이다.

마지막으로 좌우명은 인생의 장기적인 방향성을 정할 때 활용하는 것이 좋다. 좌우명을 잘 활용한다면 하나의 목표로 집중해서 나아가는 데 좋은 효과를 볼 수 있을 것이다.

이렇게 다양한 말하기 방식을 활용하면 긍정적인 말의 효과로 생활에 활기를 얻을 수 있을 뿐 아니라, 스스로 목적을 정하고 동기를 부여함으로써 의욕과 자신감이 넘치는 사람이 될 수 있다. 그뿐인가? 주변에 긍정적인 에너지를 나눠주며 호감도도 높일 수 있으니, 따라하지 않을 이유가 하나도 없는 셈이다.

06

긍정적인 사람은 말투부터 다르다

"긍정적인 말투를 쓰려고 해도 잘 안 돼요. 어떡하면 좋을까요?"

이런 질문을 던지는 사람들, 생각보다 많다. 긍정적인 말투가 좋다는 걸 알면서도 실제로 쓰려고 하면 쉽게 입 밖으로 나오지 않는 것이다. 평소에 쓰던 부정적 말투가 습관으로 굳어졌기 때문이다. 이러다 보면 말투를 바꾸려 하다가도 왠지 낯간지럽고, 주변 사람들이 이상하게 볼까 봐 걱정돼 금방 포기하고 만다. 불평과 불만이 습관화된 사람이 긍정의 언어를 생활화하기 어려운 이유다.

부정적인 언어 습관을 고치기 위해서는 먼저 자신이 평소에 어떤 말투를 쓰고 있는지를 파악해야 한다. 우선 매일 자신이 부정적 말투를 몇 번이나 쓰는지 세어 기록해보자. 그리고 점차 그 횟수를 의식적으로 줄여 나가자. 그리고 이와 동시에 긍정적 말투를 몇 번이나 쓰는지 체크해서 그 수를 늘려 나가자. 번거롭다면 작은 수첩을 이용해 말투를 주제로 일기를 쓰거나, 스마트폰을 이용해 하루 동안 메신저 및 SNS에 어떤 말투를 썼는지 체크해보는 것도 좋다.

단, 처음부터 과한 목표를 세우는 것은 금물이다. 조금씩 꾸준히 실천하는 게 중요하다. 이를 위해 사소하지만 효과적인 방법 하나를 소개하고자 한다. 바로 대안 말투를 정해 보는 것이다. 우선 일상생활에서 자주 사용하던 부정적 말투 중 하나를 골라, 이를 대체할 수 있는 긍정적인 대안 말투를 정해 보자. 같은 상황에서 사용할 수 있되 부정적인 의미가 아니라 긍정적인 의미를 담은 표현으로 말이다. 그리고 정해 두었던 부정적 말투가 입밖으로 나오려 할 때마다, 이를 정해 둔 대안 말투로 바꿔서 말하면 된다.

물론 처음엔 조금 어색할지도 모른다. 하지만 꾸준히 노력하다 보면 머지않아 긍정적 말투가 익숙해질 것이다. 도리어 부정적 말투가 어색해질 정도로 말이다. 이런 식으로 부정적 말투를 하나씩 하나씩 바꿔나가다 보면, 어느새 자연스럽게 긍정적 말투를 사용하는 자신을 발견할 수 있을 것이다.

부정적인 단어	긍정적인 단어
짜증나	재밌어
귀찮아	어렵지 않아
~하기 싫어	~해보면 달라질 거야
~해서 죽을 것 같아	~해서 좋아
힘들어	괜찮아
나중에 하자	언제 할지 정해놓자
왜 나한테만 이런 일이 생기지?	누구나 겪을 수 있는 일이야
어차피 안 돼	한번 해볼까?
그렇게까지 해야 해?	다른 방법을 찾아볼까?
더 이상은 못하겠어	어떻게 하면 결과가 더 좋아질까?

대안 말투를 잘 활용하기 위해선 부정적인 말을 적절히 대체할 수 있는 긍정적인 말투에 어떤 것들이 있는지 알아두는 것도 중요하다. 막상 대안 말투를 정하려고 해도, 어떤 말투를 어떻게 고쳐야 하는지 쉽게 떠오르지 않을 수도 있기 때문이다. 함께 제시된 표는 대안 말투의 대표적인 사례들이다. 만약 대안 말투를 정하는 데 어려움을 겪고 있다면 참고하길 바란다.

긍정적 말투를 습관화하기 위해 벤저민 프랭클린의 일

화를 참고해보는 것도 좋겠다. 그는 제대로 된 정규 교육을 받지 못했지만, 매일 수첩에 훌륭한 사람에게 필요한 열세 가지 덕목을 기록하고 날마다 성찰하며 자신을 관리했다. 그가 중시한 열세 가지 덕목은 절제, 침묵, 규율, 결단, 절약, 근면, 진실, 정의, 중용, 청결, 침착, 순결, 겸손이었다. 그 결과 프랭클린은 훗날 철학, 과학, 정치 등 다방면에서 뛰어난 업적을 남길 수 있었다.

"나는 50년이 넘도록 내 수첩에 열세 가지 덕목을 항상 기록해왔다. 그리고 이 항목들을 실행했는가, 하지 못했는가를 체크했다. 그리고 일주일마다 열세 가지 덕목 중 한 가지를 집중적으로 실천하려고 노력했다. 내가 항상 행복한 인생을 걸어올 수 있었던 것은 이 수첩 덕분이었다. 후손들에게도 알려주고 싶다."

그를 본받아 우리도 매일 자신의 언어 습관을 돌이켜보자. 중요한 것은 꾸준함이다. 천 리 길도 한 걸음부터라는 말도 있지 않은가? 당장 오늘부터 대안 말투를 한 가지 정해 실행하고 결과를 기록해보자. 그런 경험이 쌓이면 당신도 변할 수 있다. 다시 말하건대, 중요한 것은 꾸준함이다.

07

성공을 끌어당기는 10가지 말습관

"나는 긍정적인 사람으로 마음이 병들지 않도록 할 것이며 남을 미워하거나 시기, 질투하지 않을 것이다."

이는 윤석금 웅진그룹 회장의 책 《나를 돌파하는 힘》에 실린 '나의 신조' 중 일부분이다. 그는 누구보다 긍정을 강조한다. '나의 신조'의 다른 부분도 긍정적인 마음가짐으로 가득하다.

"나는 나의 능력을 믿으며 어떠한 어려움이나 고난도 이겨낼 수 있고, (…) 나의 행동과 언어, 그리고 표정을 밝게 할 것이다. (…) 나는 내 나이가 몇 살이든 스무 살의 젊음을 유지할 것이며 (…)"

이렇듯 그는 긍정의 힘을 누구보다 잘 알고 있었고, 그것을 자신의 신조로 삼아 부단히 실천했다. 그 결과 윤석금 회장은 자신의 삶을 통해 긍정 마인드의 가치를 입증했다. 사업을 시작하기 전 그는 브리태니커 백과사전 한국지사의 세일즈맨이었다. 당시 그는 전 세계 지사의 세일즈맨 중에서 최고의 실적을 냈다. 이런 역량을 바탕으로 윤석금 회장은 자신의 회사를 차리며 경영계에 출사표를 던졌다. 이윽고 그는 웅진그룹을 32개 계열사를 거느린 거대 기업으로 성장시켰으며, 2011년에는 재계 순위 31위까지 올라섰다. 그는 자신이 성공을 거둘 수 있었던 가장 큰 요인을 긍정으로 꼽는다.

"긍정은 어려움에 처하더라도 그것을 헤쳐나가겠다는 의지를 갖는 것, 할 수 있다는 자신감을 갖는 것이다."

이렇듯 어떤 분야에서든 성공을 거두기 위해선 긍정의 마인드가 필요하다. 달리 말해 긍정적인 생각을 갖지 않은 사람은 성공하기 힘들다고 봐도 무방하다. 나폴레온 힐 또한 저서 《끌어당김》에서 성공을 위해서는 긍정적인 마음가짐이 필수라고 역설한다. 자신의 성공을 조금도 의심하지 않는 긍정적 마음가짐이 '끌어당김'의 힘을 발현시켜 성공을 현실로 바꿔준다는 것이다. 그는 이렇게 말한다.

"잠재의식이 긍정의 생각과 만나면 '끌어당김'이 작동된다. 성공한 사람은 자신의 궁극적인 성공을 믿는다. 항상 목적을 이룰 것이라고 믿고 실수, 실패, 잘못이 있더라도 그것에 눈길을 돌리지 않으며 열렬히 목표를 밀어붙인다. 그는 단순히 성공을 바라고만 있는 게 아니라 성공을 느끼고 믿고 실천한다. 그는 긍정적인 생각을 끌어당겨 우주와 신의 강력한 힘을 작동시킨다."

그렇다면 긍정의 마음가짐을 갖기 위해서는 어떻게 해야 할까? 이를 위해 자수성가 기업가인 리치 디보스의 책《긍정적인 사람이 되기 위한 강력한 10가지 말》을 참고해보자. 리치 디보스는 학창 시절부터 햄버거 좌판, 비행기 전세 사업, 보트 사업 등을 해오다 암웨이를 공동 창립한 기업가다. 현재 암웨이는 건강기능식품, 화장품, 생활용품, 가전제품 등을 취급하는 글로벌 기업으로 성장했다.

리치 디보스는 습관적으로 내뱉는 말에 의해 긍정적인 생각이 형성된다고 말했다. 즉 평소 하는 말을 긍정적으로 바꾸면 생각 역시 긍정적으로 변화한다는 것이다. 긍정적인 말은 곧 성공을 끌어당기는 주문이 된다. 그에 따르면 긍정적인 사람이 긍정적인 생각을 만드는 강력한 말 열 가지는 다음과 같다.

1. 제가 틀렸습니다.
2. 미안합니다.
3. 당신은 할 수 있습니다.
4. 당신의 능력을 믿습니다.
5. 당신이 자랑스럽습니다.
6. 감사합니다.
7. 당신이 필요합니다.
8. 당신을 믿습니다.
9. 당신을 존중합니다.
10. 사랑합니다.

윤석금 웅진그룹 회장과 리치 디보스 암웨이 회장은 모두 밑바닥에서 시작해 성공한 기업가로 자리매김했다. 이들의 공통적인 성공 원동력은 '긍정'이다. 긍정의 마인드가 그들로 하여금 자기 자신을 한계에 가두는 대신 끊임없이 도전하게 만든 것이다. 만약 그들에게 긍정 마인드가 결여되어 있었다면, 큰 장애물을 만나는 순간 포기하고 말았을지도 모른다. 그러나 그럴 때마다 이들을 성공의 순간으로 인도한 것은 긍정의 힘이었다. 모두가 가슴에 품고 있는 성공에 대한 열망, 그 달콤한 과실을 얻기 위해 긍정적인 생각을 만드는 말 열 가지를 매일 실천해보자.

2장

말을 바꾸면 자존감이 자란다

"가장 중요한 것은 말이다.

그중에서도 가장 중요한 말은

당신이 스스로에게 하는 말이다."

— 데이비드 테일러 클라우스

01

행복은 찾는 게 아니라 만드는 것이다

"행복할 일이 없으니 행복하지 않다고 말하죠."

"미래가 보이지 않는데 행복은 무슨…."

행복하냐고 물으면 이처럼 부정적인 대답을 내놓는 사람이 많다. 그들은 행복의 조건을 따져 물으며 지금 행복하지 않은 이유를 논리적으로 설명하려 든다. 누군가 그러라고 강요한 것도 아닌데, 그들은 자신의 불행을 당연하게 받아들인다. 그러곤 불행한 삶을 살아갈 수밖에 없다고 한탄한다.

그러나 행복은 외부의 작용으로 주어지는 게 아니다. 행복은 내가 나에게 주는 선물이다. 그 선물의 존재를 깨닫고 개봉하는 순간, 주위의 환경과 상관없이 행복을 얻을 수 있다. 행복은 우리 내면에 이미 갖추어져 있기 때문이다. 단지 그걸 모르는 사람과 아는 사람의 차이가 있을 뿐이다.

흔히 사람들은 키가 크고 늘씬한 사람을 부러워하며 자신의 키에 불평을 늘어놓곤 한다. 내 키가 10cm만, 아니 5cm만 더 컸더라도 더 바랄 게 없었을 거라면서 말이다. 그런데 만약 당신의 키가 63cm라면 어떤 기분이겠는가? 163cm가 아니라 63cm 말이다.

인도 출신의 여성 조티 암지가 바로 그 주인공이다. 키 63cm, 체중 5kg에 불과한 그녀는 현재 '세계에서 가장 작은 여성'으로 기네스북에 등재되어 있다. 남다른 신체조건에서 엿볼 수 있듯, 그녀의 인생은 결코 순탄치 않았다. 심지어 태어나기 전부터 말이다.

태아 시절 임신 9개월이 지나도록 움직임을 보이지 않았던 그녀는 수술을 통해 힘겹게 목숨을 건졌을 뿐만 아니라, 선천적인 연골무형성증으로 인해 생후 1년 무렵부터는 성장마저 멈추었다. 그런 조티를 진찰한 의사들은 하나같이 그녀가 일찍 세상을 떠날 수도 있다는 소견을 내놓았다.

하지만 조티와 그녀의 가족들은 포기하지 않았다. 그 결과 조티는 건강한 몸과 똑똑한 두뇌를 가진 어엿한 숙녀로 자라났다. 여러 매체와의 인터뷰에서 조티는 자신의 왜소한 신체가 오히려 자랑스럽다고 말하며 많은 이들에게 희망과 감동을 선사했다. 이후 그녀는 자신의 신체적 특성을 이용해 여러 영화나 드라마에서 대체 불가능한 배역을 소화하면서 당차고 씩씩한 행보를 이어가고 있다.

게다가 코로나 바이러스가 성행하던 지난 2020년, 조티는 자신의 유명세를 십분 활용하여 인도 국민들에게 사회적 거리두기에 동참해줄 것을 호소하는 등 선한 영향력을 아낌없이 발휘하기도 했다. 그녀는 생명이 위험할 수도 있는 최악의 조건 속에서도 행복을 쟁취하고 사람들에게 희망을 선사하는 데 성공한 것이다.

조티 암지의 사례를 통해 우리는 어려운 여건 속에서도 행복을 쟁취하는 비결을 알 수 있다. 바로 자신의 약점을 가리고 감추는 대신, 그것을 나만의 특징으로 삼아 돋보이게 만들어야 한다는 것이다. 이 쉽고도 어려운 비법을 자신의 삶 속에서 실현한 사람이 또 하나 있다.

"20개의 건강한 치아를 80세까지", "쇼를 하라, 쇼!" 등의 광고 카피를 쏟아내며 활약한 마케팅 시장의 살아 있는 전설, 조서환마케팅그룹의 조서환 대표가 바로 그 주인공이다. 놀랍게도 그에겐 오른손이 없다. 군에서 겪은 수류탄 폭발 사고로 인해 손을 잃었기 때문이다. 머리에서만 24개의 파편을 꺼내며 간신히 생명을 건진 그였지만, 장교가 되고자 했던 젊은 날의 꿈이 갈기갈기 찢어지는 것까지 막을 수는 없었다.

퇴역 후 생계를 위해 취업 전선에 뛰어든 그는 수십 번의 좌절을 맛봐야 했다. 손이 없는 장애인을 선뜻 고용해주는 회사가 없었기 때문이다. 연이은 낙방 끝에 그는 급기야 자신이 손을 잃은 국가유공자라는 사실을 숨긴 채 면접에 참석하기까지 했다. 하지만 예리한 면접관은 그의 오른손이 의수라는 사실을 꿰뚫어 보았다. 면접이 중단되고 쫓겨나기 직전 절체절명의 상황에서, 조서환 대표는 이렇게 응수했다.

> "손 두 개 있는 사람도 글씨는 한 손으로 씁니다! 저도 마찬가지입니다. 그리고 일을 손으로만 합니까? 중요한 건 책임감입니다! 저처럼 손이 없는 사람을 받아줄 다른 회사도 없습니다. 제겐 더 이상 물러설 곳이 없습니다!"

웬만한 사람이라면 자신의 결점이 들통난 순간 꼬리를 내리고 도망쳤을지도 모른다. 하지만 조서환 대표는 달랐다. 그는 자신의 오른손을 결함의 흔적이 아니라 책임감의 증표로 삼은 것이다. 그의 용기 있는 임기응변을 눈여겨본 책임자는 면접을 재개했고, 조서환 대표는 자신 있게 대답을 이어 나갔다. 얼마 후, 그는 마침내 합격자 명단에 당당히 이름을 올릴 수 있었다.

조티 암지와 조서환 대표의 사례를 보고 있자면, 러시아의 대문호 도스토예프스키가 남긴 유명한 구절이 생각난다. 그는 이렇게 말했다.

> "인간이 불행한 것은 자기가 행복하다는 것을 모르기 때문이다. 이유는 단지 그것뿐이다. 그것을 자각한 사람은 곧 행복해진다. 일순간에."

행복은 미래로 유예되는 것이 아니며, 환경에 지배받는 것도 아니다. 행복은 바로 지금 생생하게 실존한다. 자신이 불행하다고 느끼는 사람들은 이런 사실을 모를 뿐이다. 그러니 "행복하다" 혹은 "나는 행복해" 같은 말을 의식적으로 소리 내어 말하도록 하자. 의기소침하고 위축되어 있던 뇌가 행복의 기지개를 켤 수 있도록 말이다. 그러면 자존감이 튼튼해지고, 정말로 행복이 찾아오기 시작한다.

이를 돕기 위해 이 장에서는 어떤 상황에서도 건강한 자존감을 형성하도록 도와줄 긍정의 말을 준비했다. 자존감을 높일 수 있는 장점 낭독하기, 명언 되뇌기, 감사하는 말하기 등이 그것이다. 이와 함께 자존감을 무너뜨릴 수 있는 부정적인 언어 습관을 긍정적인 언어 습관으로 탈바꿈시킬 비법을 소개하도록 하겠다.

02

모든 단점은 장점이 될 수 있다

"저는 실패자예요. 잘하는 게 하나도 없어요."

어느 대학교의 강연장에서 만난 취업준비생의 하소연이다. 그녀는 이미 여러 차례 불합격의 고배를 마셨다고 했다. 강의가 끝난 후 그녀는 내게 상담을 요청했다. 강의 중 실패와 좌절을 극복한 나의 경험담을 듣고, 힘든 상황에도 긍정적으로 살아갈 수 있는 마음가짐을 배우고 싶다고 생각했단다. 나는 그녀의 등을 토닥이며 격려해주었다.

"나 역시 많은 실패를 겪곤 했어요. 너무 낙담한 나머지 모든 걸 포기하고 싶을 때도 있었죠. 하지만 아직 성공을 맛보지도 않았는데 포기하자니 그동안의 내 노력이 너무 아까웠어요. 그래서 더 시도해보자고 마음을 다잡았죠. 모든 사람에게는 각자 나름의 장점이 있습니다. 당신도 자신만의 장점에 집중하면서 실력을 연마한다면 꼭 기회가 올 거예요."

그러곤 학생에게 한 가지 처방을 해주었다. 자신의 장점을 스무 가지 적고 낭독해 보라고 말이다. 학생은 의아해하는 눈치였다. 자신에게 스무 가지나 되는 장점이 있겠느냐고 묻는 그녀의 얼굴엔 자신 없어 하는 기색이 역력했다. 없는 장점을 꾸역꾸역 찾아낸다고 해서 무엇이 달라질까, 생각하는 듯했다.

그럼에도 나는 장점 쓰기를 적극 권장했다. 사실 이 처방은 내가 다른 강의에서 자주 사용하던 방법이다. 자존감에 관한 강의를 할 때, 나는 종종 청중들에게 자신의 장점 스무 가지를 적고 읽게 한다. 청중들은 별로 내키지 않는 듯 효과가 있겠냐며 반신반의한다. 이 취준생처럼 말이다. 하지만 막상 자신의 장점 목록을 적어보고 나면 분위기는 180도 바뀐다.

"내게 이렇게 많은 장점이 있었네!"

"저만의 소중한 장점을, 이제까지 모르고 살았네요."

이게 전부가 아니다. 나는 청중들에게 자리에서 일어나 자신이 찾아낸 장점을 스스로 하나씩 하나씩 낭독하게 한다. 그러면 그들 중 몇몇은 눈시울을 적시기 시작한다. 불투명한 미래에 불안해하느라 한없이 초라하고 아무런 쓸모도 없어 보였던 자신이 새롭게 보이기 때문이다.

사실 우리 뇌는 긍정적인 생각보다 부정적인 생각에 익숙하다. 그래서 틈만 나면 자기 자신을 스스로 깎아내리려는 경향이 있다. 이런 습성을 과감히 끊어버리기 위해서는 자신의 긍정적인 면, 곧 장점을 의식적으로 자주 되뇌어주는 게 좋다.

《소원을 이루는 기술》의 저자 바버라 셔에 따르면 우리 대부분의 머릿속에는 부정적인 자기 평가가 마치 고장난 녹음테이프처럼 끊임없이 반복되고 있어, 자기 자신을 스스로 못난 사람이라고 여기게 만든다. 반면 자신감과 확신에 가득 찬 긍정적인 테이프가 재생되는 사람은 극소수에 불과하다. 바버라 셔는 자신의 장점을 찾아내고 믿는 일이 얼마나 중요한지를 역설한다.

"자기 장점을 굳게 믿는 사람만이 객관적으로 참된 자기 초상을 가질 수 있다. 그런 초상을 가질 때 비로소 우리는 창조적이고 만족스러운 인생을 설계할 수 있다. 그러니 우리는 부정적인 테이프가 고집스럽게 돌아갈 때마다 그것을 압도할 수 있는 긍정적인 테이프가 반드시 필요하다."

산에는 곧게 쭉쭉 뻗은 나무도 있고 보기 흉하게 구부러진 나무도 있다. 목수에게 구부러진 나무는 아무런 쓸모가 없다. 목재로서의 가치가 떨어지기 때문이다. 그런데 나무 입장에선 다르다. 곧게 뻗은 나무는 목재로 쓸모가 많아 쉽게 베여나가는 반면, 구부러진 나무는 벌목을 피해 천수를 누릴 수 있다. 나무에게는 보기 흉하게 구부러진 몸통이 장점인 셈이다.

이처럼 장점과 단점은 해석하기 나름이다. 어떻게 받아들이느냐에 따라 단점은 장점도 될 수 있고, 나만의 트레이드마크가 될 수도 있다. 예를 들어, 많은 사람들이 자신의 외모나 체형을 콤플렉스로 여기고 감추려 한다. 뚱뚱한 몸이나 걸걸한 목소리, 얼굴의 주근깨 등이 그렇다. 하지만 그것들도 얼마든지 매력 포인트가 될 수 있다. 세계적인 모델 라라 스톤을 보라. 그녀는 벌어진 앞니를 교정하지 않고 오히려 독특한 분위기를 만들어내는 데 활용했다. 그 결과 라라 스톤은 독보적인 톱 모델이 되지 않았는가.

이처럼 장단점은 받아들이기 나름이다. 자신의 특징을

장점으로 받아들일 수 있는 튼튼한 마음을 갖기 위해서는, 괜스레 타인과 자신을 비교하는 습관을 버려야 한다. 나와 타인은 하나의 기준으로 평가될 수 있는 존재가 아니다.

다른 사람이 일궈낸 성공과 자신의 처지를 비교하기 시작하면 자존감은 한없이 추락하기 마련이다. 하지만 비교의 잣대를 거두고, 자신의 특징을 있는 그대로 받아들이면 자신에 대한 믿음과 존중이 피어난다. 세상에 단점만 가진 사람은 없다. 그저 장점을 알아차리지 못한 것뿐이다. 이와 관련하여 5차원 학습법을 개발한 원동연 박사는 저서 《해피엔딩 노년의 인생학》에서 이렇게 말한다.

"스스로를 귀하게 여기지 못하기 때문에 자신의 장점은 물론 다른 사람의 장점도 보지 못하고, 결국 바른 인간관계를 맺지 못하는 것이다. 자신에게 장점이 없어서 자신을 귀하게 보지 못하는 것이 아니다. 자신에게 커다란 장점이 있음에도 불구하고, 자기를 귀하게 여기는 자존감이 없기 때문에 자신의 장점을 보지 못하는 것이다."

자기 자신이 못나고 무능한 실패자라고 생각하는 사람은 잠시 스스로에 대한 불신을 거두고 자기 내면의 소리에 귀 기울여 보자. 세간의 시시콜콜한 이야기에 흔들릴수록 열등감만 커질 뿐이다. 그 대신 책상 앞에 앉아 내 속에 자리한 눈부신 장점을 하나하나 종이 위에 옮겨 적어 보자. 그리고 그것을 거울 앞에서 낭독해보자. 자신의 장점을 큰 소리로 외칠수록 무럭무럭 자라나는 자존감을 느낄 수 있을 것이다.

03

명언은 언어로 된 롤 모델이다

"세상은 결코 따스한 햇살과 무지개로만 채워져 있지 않아. 버티지 않으면 평생 무릎 꿇은 채로 살아야 하지. 인생은 난타전이야. 얼마나 강한 펀치를 날리느냐가 아니라, 끝없이 맞으면서도 조금씩 앞으로 나아가는 게 중요한 거야."

위 문장은 영화 〈록키〉의 명대사다. 또한 이는 대한민국 최고의 액션 배우 마동석이 가슴에 품은 명언이기도 하다. 그는 어린 시절 〈록키〉에 푹 빠져 영화인의 꿈을 키웠고, 실베스터 스탤론 같은 액션 배우가 되고 싶어 복싱을 시작하기도 했다. 영화 속 명대사를 가슴 깊이 새긴 것도 이때부터였다고 한다.

하지만 가세가 기울어진 가족이 미국으로 이주하면서, 마동석은 그 꿈을 잠시 접어둘 수밖에 없었다. 대신 그는 학비와 생활비를 벌기 위해 닥치는 대로 아르바이트를 하며 시간을 보냈다. 그러나 그는 여전히 배우가 되고 싶었다. 대학 졸업 후 헬스 트레이너로 유명세를 탄 그였지만, 내면의 허기를 달랠 수는 없었다. 어린 시절 가슴에 새긴 〈록키〉의 명대사가 끊임없이 머릿속을 맴돌았기 때문이다.

결국 그는 배우가 되고 싶다는 일념 하나로 무작정 한국에 돌아왔다. 하지만 오디션장에서 그의 거구를 본 영화 관계자는 고개를 절레절레 흔들었다. 배우로서 가망성이 없다는 판단이었다. 그러나 마동석은 포기하지 않았다. 그는 단역과 조연을 전전하며 60여 편의 영화를 찍었고, 조금씩 활동 무대를 넓혀가기 시작했다.

시간이 흘러 2017년, 그가 주연을 맡은 영화 〈범죄도시〉가 관객 680만 명을 돌파하며 마동석은 충무로에서 가장 주목받는 배우로 등극했다. 마치 〈록키〉의 주인공 실베스터 스탤론이 그랬던 것처럼 말이다. 그는 자신의 성공 비결을 이렇게 말한다.

"새로운 도전을 하려면 이길 준비가 아니라 맞을 준비를 해야 해요. 패배하더라도 끝까지 버티겠다고 다짐했습니다."

그가 시련을 딛고 일어설 용기를 가질 수 있었던 이유는 어린 시절 가슴에 새긴 〈록키〉의 명대사를 잊지 않았기 때문이다. 영화의 명대사를 좌우명 삼아 피워낸 불굴의 의지로, 그는 '록키'처럼 멋진 영화배우가 될 수 있었다.

가수 이상민도 마찬가지다. 그는 22세의 나이에 인기 그룹 '룰라'로 대성공을 거두었지만, 사업 실패로 순식간에 69억 원의 빚더미에 앉았다. 그런 그에게도 고난을 이겨낼 수 있게 도와준 명언이 있었다. 그것은 바로 윌리엄 셰익스피어의 명언이었다.

"힘들 때 우는 건 삼류, 힘들 때 참는 건 이류, 힘들 때 웃는 건 일류."

그는 이 명언을 매일같이 되뇌면서, 17년 동안 성실히 빚을 갚아왔다. 얼마나 열심이었는지 채권자조차 그의 건강을 챙겨줄 정도였다. 이제 그는 전액 변제를 눈앞에 둔 채 새로운 출발을 준비하고 있다.

마동석과 이상민. 언제든 포기해도 이상하지 않았을 두 사람은 보란 듯이 역경을 이겨내고 인생 역전에 성공했다. 어떻게 이런 일이 가능했을까? 가슴 속에 품은 명언의 힘

덕분이다. 명언은 단순히 멋있는 말 따위가 아니다. 그 속엔 삶의 곳곳에 적용할 수 있는 지혜가 담겨 있다. 그 지혜를 자신의 것으로 만들어내는 사람이야말로 명언의 힘을 100% 사용할 수 있다.

개인적으로는 스티브 잡스가 스탠퍼드대학교의 졸업식에서 했던 연설이 기억에 남는다. 숱한 실패 속에서도 창의적인 도전을 멈추지 않으며 혁신의 천재로 칭송받은 그의 삶을 흠모하기 때문이다. 나는 언제나 그의 명언을 통해 매너리즘을 극복할 용기를 얻고 있다.

> "33년간 매일 아침 거울을 보며 내게 물었다. '오늘이 내 인생의 마지막 날이라면 오늘 내가 하려고 하는 일을 할 것인가.' 아니라는 대답이 여러 날 계속 나오면 다른 일을 할 필요가 있다."

이 명언을 되풀이해 말할수록 나는 더 단단해짐을 느낀다. 이로써 나는 삶에서 중요한 것과 중요하지 않은 것을 구별할 수 있게 되었고, 목표를 정하면 뒤돌아보지 않고 달려나가는 추진력을 길렀다.

그러니 여러분도 자기만의 명언을 하나씩 간직하길 바란

다. 자신이 평소 좋아하는 영화, 드라마의 명대사도 좋고, 감명 깊게 읽은 책 속 구절도 좋다. 만약 롤 모델이 있다면 그의 어록도 좋다. 그중 눈앞의 난관을 헤쳐나갈 수 있도록 용기를 주는 말을 골라 자신만의 명언으로 삼자.

명언을 진심으로 되새기다 보면, 암담한 현실에도 주저앉지 않고 맞설 용기를 얻을 수 있다. 잘 정한 명언 하나가 인생의 풍랑을 밝혀줄 등대가 되어줄 것이다.

04

단어 하나만 바꿔도 인생이 달라진다

"못 배우고, 병약하고, 가난한 집에서 태어난 것이 나의 가장 큰 행복이다."

이 말은 파나소닉의 창업자이자 '경영의 신'으로 불리는 마쓰시타 고노스케의 말이다. 실제로 그의 성장 환경은 유달리 불우했다. 그는 가난한 집안에서 병약한 몸을 갖고 태어났으며, 초등학교조차 제대로 졸업하지 못했다. 보통 사람이라면 자신의 처지를 비관하며 살아갔을지도 모른다. 그러나 마쓰시타 고노스케는 달랐다.

그는 자신의 약점을 오히려 발전의 요인으로 여겼다. '때문에'라는 부정적 말투 대신 '덕분에'라는 긍정적 말투를 사용하는 것이 그 비결이었다. 그는 항상 못 배운 덕분에 알고 싶은 것이 많다고 말하며 학구열을 불태웠다. 그렇게 평생 손에서 책을 놓지 않은 그는, 경영자가 된 후 학교에서 배울 수 없는 지혜와 통찰력을 발휘했다. 또한 그는 병약한 몸 덕분에 건강의 중요성을 깨달았다고 말하며 자기 관리를 게을리하지 않았다. 이로써 그는 95세가 넘도록 건강을 지키며 장수할 수 있었다. 그뿐만 아니라 그는 가난 덕분에 돈의 소중함을 깨달았다고 말하며 근검절약을 몸에 익혔다. 그리하여 마쓰시타 고노스케는 일본 국민이 가장 존경하는 경제인이 될 수 있었다.

이렇듯 '때문에'라고 말하는 사람과 '덕분에'라고 말하는 사람은 상황을 받아들이는 태도에 큰 차이를 보인다. 그리고 이러한 태도의 차이는 결국 결과의 차이로 이어진다.

'때문에'는 주로 타인 혹은 환경에 책임을 돌리며 핑계를 댈 때 쓰이는 단어다. 이런 말투를 자주 쓰는 사람은 매사에 부정적이고 비관적이다. 예를 들어 이들은 아버지가 실직하면 이렇게 말한다. "아버지가 실직했기 때문에 난 아무런 지원도 받지 못하게 됐어. 아마 난 성공하지 못할 거야." 그리고 취업에 실패하면 이렇게 말한다. "난 인생 낙오자야. 취업에 실패했기 때문이지."

반면 '덕분에'는 주어진 환경을 감사하게 받아들이는 단어다. 이 단어를 자주 쓰는 사람은 매사에 긍정적이고 낙관적이다. 이들은 아버지가 실직하면 이렇게 말한다. "아버지가 실직한 덕분에 일찍 사회 물정을 깨쳤어. 자립심을 키울 수 있었지." 또한 이들은 취업에 실패하면 이렇게 말한다. "취업에 실패한 덕분에 나와 인생을 되돌아보는 시간을 가졌어. 긴 인생에서 한 번은 거쳤어야 할 소중한 기회였지." 고난과 역경을 삶의 자양분으로 삼을 수 있는 사람은 과연 둘 중 어느 쪽이겠는가?

송나라 학자 정이程頤는 '인생의 세 가지 불행'을 다음과 같이 정의했다. 첫 번째 불행은 '소년등과少年登科'로, 이른 나이에 과거시험에 합격해 높은 자리에 올라 출세하는 것을 말한다. 두 번째 불행은 '석부형제지세席父兄弟之勢'로, 부모와 형제의 권세에 기대는 것을 말한다. 세 번째 불행은 '유고재능문장有高才能文章'으로, 뛰어난 재주와 문장력을 가진 것을 말한다.

어째 이상하지 않은가? 하나같이 누구나 바라 마지않는 행복의 조건이 아닌가. 이른 출세, 가족의 권세, 뛰어난 재주가 어째서 불행이라는 것일까. 정이는 그 이유를 이렇게 설명한다. 너무 이른 나이에 출세하면 거만해지고, 부모 형제의 후광에 기대면 나태해지며, 뛰어난 재주만 믿고 아무런 노력을 하지 않는다면 결국 남들보다 뒤처지게 된다. 이런 것들보다 중요한 것은 노력과 수양을 게을리하지 않고 꾸준히 절차탁마하며 정진하는 것이다.

이렇듯 사람의 인생을 결정짓는 것은 환경과 조건뿐만이 아니다. 그보다 중요한 건 이를 받아들이는 마음 자세다. 자신이 어떤 환경에 처해 있든 매사를 긍정적이고 낙관적으로 받아들이려는 태도가 중요하다. 이때 필요한 게 '덕분에'라는 긍정적인 언어 습관이다. 아무리 불행한 환경에 서라도 "덕분에"라고 말하다 보면 고난과 역경을 헤쳐나갈 돌파구가 보이기 시작한다.

노스캐롤라이나대학교 심리학과의 바버라 프레드릭슨 교수는 긍정에 대한 다양한 실험을 진행하던 중 한 가지 규칙을 발견했다. 평범한 삶을 사는 사람들은 긍정적인 태도와 부정적인 태도의 비율이 1:1 혹은 2:1에 그친 반면, 성공한 삶을 사는 사람들은 그 비율이 3:1 이상으로 나타났던 것이다.

이는 기업이나 부부의 경우에도 마찬가지였다. 기업의 경우, 최고 실적을 내는 팀은 긍정적 태도와 부정적 태도의 비율이 6:1에 달했고, 화목한 부부는 5:1에 달했다. 이런 실험 결과를 토대로 프레드릭슨 교수는 '번영하는 개인, 기업, 부부는 모두 긍정적인 태도와 부정적인 태도의 비율이 3:1을 이룬다'라는 결론에 다다랐다. '긍정적 태도와 부정적 태도 3:1'이 번영의 황금 비율로 정립된 것이다.

《긍정의 발견》에서 바바라 프레드릭슨은 말한다.

> "긍정성과 부정성의 비율이 최소한 3:1을 넘도록 노력하라. 이 말은 부정적 정서를 한 번 경험할 때마다 최소한 세 번은 긍정적 정서를 경험하라는 뜻이다. 이 비율은 번영과 쇠퇴를 판가름 짓는 티핑 포인트다. 권장 식생활 지침처럼 나는 이 처방을 당신에게 정서적 지침으로 제시한다. 또한 권장 식생활 지침과 마찬가지로, 당신은 매일 매 순간 이 비율을 지킬 필요는 없다. 다만 며칠이나 몇 주에 걸쳐서 이 비율을 충족하거나 초과하도록 노력하자."

나도 안다. 힘든 와중에 '덕분에'라는 말을 입 밖으로 내긴 쉽지 않다는 것을. 하지만 그렇다고 '때문에'라는 부정적인 언사로 인생을 점철하지는 말아야 한다. 그러니 '번영의 황금 비율 3:1'을 기억하며 말투를 점검하자. '때문에'를 한 번 말할 때마다 '덕분에'를 세 번 말하는 것으로 충분하다. 인생의 변화는 그렇게 시작된다.

05

도망쳐 도착한 곳에 낙원은 없다

"우울해서 아무것도 하기 싫어요. 죽고 싶다는 생각마저 들어요."

"일이 안 풀려서 늘 화가 치밀어 올라요."

강연을 하다 보면 이런 하소연을 하는 분들을 심심찮게 만난다. 우울과 화가 마음속에 가득 차면 결국 그 화살은 나 혹은 상대방에게 돌아가기 마련이다. 물론 어느 쪽이나 결과는 파국이다. 상대방에게 화살을 돌리면 관계가 깨지고, 내 탓을 하면 자존감이 추락하기 때문이다.

이때 "우울증이 사라진다", "나는 화나지 않았다"라는 식으로 허황된 자기 암시를 하는 건 큰 효과를 보기 어렵다. 이미 감정이 생겼고 그로 인해 호르몬이 분비되는 등 신체적인 변화가 일어났는데, 그런 상황에서 덮어놓고 부정하는 것은 아무런 도움이 되지 않는다.

우울증과 화에 지혜롭게 대처하는 요령은 사실을 있는 그대로 받아들이되 그것에 휘둘리지 않는 것이다. 부정적인 감정을 초래한 현실 상황을 직시하지 않은 채 막연히 '아니야, 괜찮을 거야'라고 말하는 태도는, 우리로 하여금 어려움을 극복하는 대신 어려움을 회피하게 만든다. 이러면 실질적인 대처 방안을 만들어낼 수 없고, 그 결과 부정적인 감정은 끊임없이 생겨난다. 따라서 사실을 있는 그대로 받아들이면서도 그것을 극복과 발전의 계기로 받아들이는 자세가 필요하다.

이를 위해 스트레스 면역학자 변광호 박사는 스트레스를 받는 상황이 발생했을 때 "아니야, 괜찮아. 다시 생각해보자!"라고 말하며 마음을 조절하라고 조언한다. 이 말을 통해 우리는 현실을 외면하거나 과장하지 않고, 자신의 내면에 귀 기울이며 상황에 적절한 답을 구할 수 있다.

이러한 현실적인 낙관주의가 불러오는 효과를 '스톡데일 패러독스'라고 부른다. 이는 미국의 해군이었던 제임스 스톡데일의 일화에서 유래된 심리학 용어다. 베트남 전쟁 당시 중령이었던 스톡데일은 1965년 포로로 잡혔다가 8년 만에 고향으로 돌아왔다. 반면 그와 함께 수감되었던 다른 장병들은 대부분 죽고 말았다.

스톡데일이 살아남을 수 있었던 비결은 냉철한 현실 인식 덕분이었다. 다른 장병들은 막연히 '크리스마스 전에는 집에 돌아갈 수 있을 거야'라는 비현실적 희망을 가졌다. 그러나 이들의 기대는 실현되지 않았다. 냉혹한 현실을 무시한 도피적 믿음은 아무 소용도 없었다. 수감된 장병들은 연이어 '다음 해 부활절에는 석방될 거야', '추수감사절까지는 석방될 거야'라며 근거 없는 희망에 사로잡혔다. 그러나 이들의 기대는 헛된 바람일 뿐이었고, 그들은 심한 허탈감과 상실감에 빠지고 말았다. 결국 이들은 살고자 하는 의지가 급격히 떨어져 목숨까지 잃고 말았다.

이에 반해 스톡데일 중령은 헛된 희망을 갖지 않았다. 그는 더위와 굶주림, 고문 등의 참혹한 현실을 회피하지 않고 받아들였으며, 현실을 직시하고 살아남기 위해 정신과 육체를 강하게 무장했다. 그 결과 스톡데일은 8년에 걸친 포로수용소 생활에서 살아남아 고향으로 돌아올 수 있었다.

자주 우울하고 화가 많은 사람은 스톡데일처럼 생각해보자. 앞서 말했듯, 우울과 화를 자주 느끼는 사람은 자존감이 매우 낮다. 그런 사람에게 막연히 무엇이든 극복할 수 있다는 식의 현실 도피적 태도는 금물이다. 대신 고통과 스트레스를 냉정하게 직시하고 이를 있는 그대로 받아들이려는 노력이 필요하다. 앞으로는 마음이 힘들 때면 "아니야, 괜찮아. 다시 생각해보자!"라고 말해 보자. 이 말이 세파에 휘둘리지 않는 굳센 심지를 키워줄 것이다.

06

용서는 나를 위해 하는 것이다

"제 쇼의 출연자들도 그렇지만, 저도 제 이야기를 하면서 카타르시스를 느낍니다. 이해할 수 있어요. 일단 말로 꺼내놓으면, 다시는 그 기억에 얽매이지 않으니까요."

오프라 윈프리는 이렇게 말했다. 실제로 그녀의 이름을 내건 〈오프라 윈프리 쇼〉에서 많은 여성들이 자신의 상처를 허심탄회하게 고백했다. 그녀들은 감내하거나 털어놓기 힘든 과거의 악몽을 스스럼없이 이야기했고, 이를 통해 상처에서 벗어날 수 있는 힘을 얻었다. 이는 오프라 윈프리 자신도 예외가 아니었다. 그녀도 미국 전 국민이 시청하는 방송에서 자신의 상처를 스스럼없이 공개한 바 있다. 하지만 그런 그녀 역시 처음부터 솔직할 수 있었던 건 아니다.

오프라 윈프리는 남다른 아픔을 갖고 있었다. 어릴 때 사촌오빠에게 성폭행을 당한 데다, 열네 살에 미혼모가 되었던 것이다. 그녀는 오랫동안 이 사실을 숨기며 살았다. 하지만 〈오프라 윈프리 쇼〉에 출연한 어느 출연자가 그녀를 바꿔 놓았다. 그 출연자는 오프라 윈프리와 비슷한 상처를 품고 살아온 여성이었다. 그녀는 상처를 감추는 대신 허심탄회하게 말했다.

"어린 시절에는 내가 나쁜 사람이기 때문에 그런 일을 당한 거라고 생각했어요. 그래서 오랫동안 그 일을 꼭꼭 숨기고 살면서 나를 학대했죠. 하지만 그건 절대 내 잘못이 아니었어요."

그 말을 듣는 순간 오프라 윈프리는 자신의 뺨을 타고 흘러내리는 한 줄기 눈물을 느낄 수 있었다. 그동안 계속해서 자신을 자책하던 오프라 윈프리에게 그녀의 말은 커다란 깨달음을 안겨 주었다.

'그래, 그 일은 내 잘못이 아니지. 절대로 내 잘못이 아니야. 그런데 지금까지 내가 나쁜 짓을 한 것처럼, 나한테 책임이 있는 것처럼 여겼어. 바보같이 그걸 서른여섯 살이 된 지금에서야 깨닫다니.'

그 방송 이후 그녀는 달라졌다. 공개된 자리에서 자신의 내밀한 이야기를 당당하게 이야기했다. 이렇게 해서 오프라 윈프리는 트라우마를 극복하고 만인과 공감하는 세계적인 방송인이 될 수 있었다.

오프라 윈프리가 평생 감춰 왔던 상처를 타인에게 내보일 수 있었던 이유는 뭘까? 방송 출연자의 고백이 그 계기가 되었음은 분명하다. 하지만 더 근본적인 이유가 있다. 그것은 바로 '용서'다.

용서란 단순히 상대의 잘못을 없었던 일로 덮어 주는 일이 아니라, 자신을 휘감고 있는 감정과 기억의 소용돌이로부터 자유로워지겠다는 결심이다. 이로써 그녀는 자신에게 일어난 일을 직시하고, 스스로 부여했던 속박과 죄책감을 벗어던졌다. 그래서 오프라 윈프리는 다른 사람이 아니라 바로 자신을 위해 용서하라고 말한다.

> "그리스어에서 용서란 말은 '놓아버리다'라는 뜻을 가지고 있습니다. 상대방에 대한 분노로 자신을 어찌하지 못하고, 과거에만 머물러 앞으로 나가지 못하는 건 자신을 위한 일이 아니죠. 여러분, 놓아 버리세요. 그리고 용서하세요. 나 자신을 위해."

우리는 살아가면서 여러 가지 이유로 상처를 받는다. 성폭행, 가정폭력, 따돌림, 교통사고, 대형 참사와 자연재해 등 커다란 사건의 여파가 마음 깊은 곳에 트라우마로 남기도 하며, 주위 사람들의 일상적이고 사소한 말과 행동에 크고 작은 상처를 받기도 한다. 그뿐만 아니라 취업 실패, 성적 하락, 외모 콤플렉스 등에 힘겨워하며 자기 자신에게 스스로 상처를 입히는 경우도 있다.

상처 받은 마음을 제대로 치유하지 않은 채 덮어버리면 자존감이 뿌리부터 썩어들어가기 시작한다. 그러다 보면 상처받은 마음을 방어하기 위해 타인에게 날선 태도를 보이거나 자신을 학대하게 된다. 그 결과 인간관계에 여러 문제가 생기거나, 불면증과 우울증 등 각종 질환에 시달리기도 한다. 이는 모두 마음의 상처를 직시하고 해결하지 않았기 때문이다.

《용서의 기술》에서 심리학자 딕 티비츠는 용서를 강조한다. 화를 자주 내는 사람은 그렇지 않은 사람보다 심장마비 발병률이 세 배나 높고, 두통, 복통, 관절 질환, 만성 요통에 걸릴 위험도 높아진다고 한다. 이런 독극물 같은 화를 없애주는 만병통치약이 바로 용서다.

"용서란 현재의 평온을 회복하고 미래의 희망과 삶의 목적을 되살리기 위해, 과거에 받은 분노와 상처에 새로운 틀을 씌우는 작업이다."

오프라 윈프리는 과거의 상처를 이겨내고 미래를 향해 한 걸음 나아가라고 격려한다. 용서라는 열쇠를 통해서 말이다. 한번 눈을 감은 채 숨을 고르면서 타인과 자신에게 "용서합니다"라고 말해보자. 그러고 나면 얽매여 있던 상처로부터 서서히 풀려나는 자신을 발견할 수 있을 것이다. 이처럼 용서는 진정한 용기가 필요한 일일 뿐 아니라, 상처와 자존감을 회복하는 첫걸음이다. 이를 두고 심리학 박사 프레드 러스킨은 이렇게 덧붙인다.

"용서란 평온한 감정이다. 그런 감정은 자신의 상처를 덜 개인적인 것으로 받아들이며, 자신의 감정에 책임을 지고 그 사건에서 피해자가 아닌 승리자가 되었을 때 생겨난다."

07

"그럴 것 같다"라고 말하지 마라

언젠가 대학생들이 참여하는 프레젠테이션 대회의 심사위원으로 참가한 적이 있다. 참가한 학생들은 모두 멋진 프레젠테이션 자료를 준비해왔다. 하지만 말하기 측면에서는 서툰 구석이 하나둘 엿보였다. 그중에서 가장 아쉬웠던 부분은 '같아요'를 남용하는 말투였다. 가령 이런 식이다.

"이 제품은 여러모로 훌륭한 것 같습니다."
"앞으로가 더욱 기대되는 것 같습니다."
"만족스러운 발표가 된 것 같습니다."

이 말투로 얘기하기 전만 해도 자신감과 패기가 넘치던

학생들의 모습이, 이 말투를 사용하면서부터 확신이 없고 우유부단하게 느껴지기 시작했다. 한두 명도 아니고 참가자 대부분이 '같아요' 말투를 남용하는 모습을 보고 참으로 안타까웠다.

'같아요'는 추측이나 예상을 할 때, 불확실한 상황을 나타내기 위해 쓰는 말이다. "내일 비가 올 거 같아요"처럼 말이다. 그런데 최근에는 자신의 감정과 주장을 당당하게 내세우길 꺼리는 나머지 무심코 아무 말에나 '같아요'를 붙여 쓰는 사람이 많아졌다.

이렇게 자신감 없고 우유부단해 보이는 언어 습관은 특히 청년층 사이에 많이 퍼져 있다. 나는 이런 모습이 현재 청년들의 심리 상태를 잘 보여주는 것 같아 어쩐지 마음이 아프다. 오랜 불황으로 인해 취업난에 시달리는 요즘 젊은이들은 'N포 세대'라고 스스로를 자조하지 않는가. 포기라는 단어가 세대를 대변하는 단어로 쓰일 만큼 그들은 의기소침해 있다. 그래서 무의식적으로 자신감 없는 '같아요' 말투를 남발하는 것이 아닐까.

하지만 그런 이유에서라도 더더욱 말투 교정에 힘써야 한다. '같아요'를 남용하면 자신의 말에 확신을 갖지 못한 것처럼 느껴지기 때문에, 상대방에게 신뢰와 호감을 얻기 힘들다. 이런 말투는 마치 제대로 말하지 못하고 말끝을 흐리는 것과 같다. 누군가 당신과 이야기를 하는데 자꾸 말끝을 흐린다고 생각해보라. 그에게 신뢰감이 들겠는가? 절대 그렇지 않다. 자신 없는 말투는 상대에게 긍정적인 호응과 호감을 이끌어낼 수 없으므로, 반드시 분명하고 명쾌한 말투로 고칠 필요가 있다.

마음 부자가 되는 비결을 밝힌 《1만 년이 지나도 변하지 않는 부의 진실》의 저자 팀 샌더스 역시 자신감 없는 말투를 삼가라고 말한다.

> "자신감 없어 보이는 표현도 이제는 사용하지 않는 것이 좋다. 그런 표현을 쓰면 대화가 꽉 막혀 의미 없는 소리에 머물고 만다. 그래서 자신감 없는 사람은 성공한 사람들과 대화를 나눠도 아무것도 건지지 못한다."

말이 뇌를 자극한다는 걸, 말이 생각과 행동을 지배한다는 걸 잊지 말자. 뇌는 평소 당신이 하는 말에 따라 반응한다. 생각과 행동도 말투를 따른다. '같아요'처럼 애매하고 자신감 없는 말투를 사용하면 생각과 행동에 확신이 생기지 않고 우유부단해진다.

자신감 없는 사람의 말버릇	
아마도	어쩌면
아무래도	그럴 거야
개인적으로는	고의는 아니었어
그럴 것 같아	그럴 것 같지 않아
그럴지도 몰라	그런 생각이 들어

함께 제시된 표는 팀 샌더스가 자신감 없는 사람이 주로 쓰는 표현으로 꼽은 대표적인 예다. 여기에도 '…것 같아'가 포함되어 있음을 확인할 수 있다. 그뿐만 아니라 이러한 표현에 책임을 회피하려는 의도가 들어 있다는 사실까지도 말이다.

이런 말투를 입에 달고 다니는 사람은 타인에게도 좋지 않은 영향을 미친다. 당신이 낯선 곳에서 길을 잃고 헤매다가 지나가는 사람에게 길을 물었다고 치자. 그런데 그 사람이 "이쪽으로 가면 될 것 같아요"라고 대답한다면 어떤 생각이 들까? 그가 가르쳐준 길로 갈 수 있을까? 확신이 들지 않아 다른 사람에게 또다시 물어보게 되지 않을까? 자신감 없는 말투는 곧 신뢰 하락과 직결되는 만큼, 미련 없이 버려야 한다. 대신 줏대 있고 자신감 넘치는 말투를 사용하자.

이를 위해 "저는 …라고 생각합니다", "제가 보기에 …입니다"처럼 똑 부러지게 끝맺는 말투를 사용하는 것이 좋다. 단단한 확언을 입 밖으로 내게 되면 스스로도 더욱 큰 확신을 갖게 된다. 생각에 확신이 서면 행동도 당당해진다. 자신 있는 태도와 말투는 주변 사람들로부터 신뢰를 얻는다. 이는 다시 자신감을 키우는 원동력이 된다. 말과 마음의 선순환이 일어나는 것이다. 고대 그리스의 철학자 고르기아스의 말처럼 말이다.

> "말은 강력한 주인이다. 말은 아주 작아 보이지 않는 몸이다. 하지만 신과 같은 일을 해낸다. 두려움을 멈추게 하고, 슬픔을 가시게 하며, 즐거움을 빚어내며, 연민의 마음을 키우기 때문이다."

3장

말을 바꾸면 인간관계가 달라진다

"우정이든 결혼이든

혹은 그 이상이든,

모든 동반자와의 유대감은

대화로 인해 만들어진다."

— 오스카 와일드

01

'그냥 하는 말'은 없다

"목소리 참 좋다. 말도 참 똘똘하게 잘하네."

고등학교 1학년 때, 교과서에 실린 시를 낭송하자 국어 선생님께서는 칭찬과 함께 내 어깨를 두드려 주셨다. 고등학교에 입학한 이래 처음으로 들어 본 칭찬이었다.

"태어나서 너처럼 목소리 좋은 애는 처음 봤다. 네가 앞으로 말하는 일로 먹고살지 않으면 내 손에 장을 지진다."

내 인생은 이 말을 듣기 전과 후로 나뉘었다. 공부에 흥미가 없어 기죽은 채 학교에 다니던 내게 꿈이 생긴 것이다.

'그래, 목소리만큼은 누구에게도 지지 않을 자신이 있어. 목소리 훈련을 해서 유명한 성우가 되어야지.'

그날 이후 나는 독학으로 발성 훈련을 시작했다. 내가

성우가 되기 위해 독하게 노력한다는 소문이 퍼지자 곳곳에서 격려와 지지의 손길이 찾아왔다. 선생님들은 내게 시험 문제의 녹음을 맡겼고, 교내 축제에서는 시 낭송 코너를 도맡게 되었다. 이런 경험을 발판 삼아 지역 방송국 라디오 프로그램에서는 학생 리포터로 활동하기도 했다.

그로부터 얼마 지나지 않아, 나는 부푼 꿈을 안고 성우 학원에 등록하기도 했다. 본격적인 훈련을 받을 수 있는 기회였다. 하지만 실제로 학원에 다닐 수 있었던 건 두 달뿐이었다. 학원비를 마련하지 못했기 때문이다. 하지만 그게 뭐가 대수랴. 나는 맨땅에 헤딩하듯, 라디오나 TV에 출연하는 아나운서와 성우들의 목소리를 듣고 따라하며 연습을 멈추지 않았다.

이 모든 경험을 자양분 삼아, 현재 나는 전국 곳곳을 돌아다니며 어엿한 소통 대화법 전문가로 일하고 있다. 비록 성우와는 다른 길을 걷게 되었지만, '말하는 일로 먹고살 것'이라는 국어 선생님의 장담은 정말로 이루어진 셈이다.

만약 국어 선생님의 칭찬을 받지 못했다면 내 인생은 어떻게 달라졌을까. 형편이 어렵고 공부도 못했으니, 아마 대학에 가는 대신 공장에서 재봉틀을 돌리게 되었을지도 모른다. 그런 내가 어엿한 소통 대화법 강사가 될 수 있었던 데에는 국어 선생님의 덕이 크다. 이 모든 변화가 '목소리가 좋다'라는 칭찬 덕분에 벌어진 일이니 말이다.

이렇듯 긍정의 말이 지닌 위력은 대단하다. 긍정적인 응원 한마디가 한 사람의 인생을 바꿔 놓을 수도 있다. 그 실제 사례를 만나 보자. 20세기 미국에 어느 청년이 살고 있었다. 그는 어릴 적부터 작가가 되고 싶었지만, 생계에 치이며 점점 꿈을 잃어가고 있었다. 그러던 어느 날 청년은 거리에서 우연히 두 노인의 말다툼을 듣다가, 무심코 이야기에 끼어들어 자신의 의견을 내놓았다. 그러자 그 말을 들은 한쪽 노인이 말했다.

"똑똑한 젊은이로군. 자네 같은 사람이 책을 쓰면 세상에 큰 업적을 남기겠어."

청년은 생전 처음 듣는 칭찬에 깜짝 놀랐다. 자신이 세상에 큰 업적을 남기긴커녕 똑똑하다는 생각조차 해본 적 없었기 때문이다. 그러나 청년은 어째선지 그 말을 허투루 넘길 수 없었다. 다음날부터 그는 다시금 작가라는 꿈을 향해 노력하기 시작했다. 노인의 칭찬이 청년의 가슴에 꺼지지 않는 불씨를 댕긴 것이다.

세월이 흐른 후 노인의 말은 현실이 되었다. 세계 최고 부자들의 성공 원리를 집대성한 《생각하라 그리고 부자가 되어라》를 출간하며 청년은 일약 스타덤에 올랐다. 저명한 작가로 자리매김한 그는 이후에도 수많은 성공학 서적을 저술했으며, 그의 책들은 전 세계 5000만 부 이상의 판매고를 올렸다. 현재까지도 가장 유명한 성공학 저술가이자, 현대 자기계발의 아버지라 일컬어지는 그의 이름은 바로 나폴레온 힐이다.

나폴레온 힐은 《성공학 노트 1》에서 자신이 성취해낸 모든 업적이 그날 우연히 만난 노인의 한마디 덕분이었음을 밝힌 바 있다.

"나를 가리켜 '똑똑한 젊은이'라며, 공부해서 세상에 나가면 큰일을 해내리라고 했던 노신사의 암시가 평생 동안 깊은 영향을 미칠 수 있었던 것은, 사실 그 말 자체보다는 그가 말하는 방식 때문이었다. 내 어깨를 잡고 자신감이 가득 찬 눈빛으로 그의 암시를 내 마음속 깊이 심어놓았기에, 나는 그 덕담을 실현시킬 때까지 쉬지 않고 매진할 수 있었던 것이다."

나폴레온 힐의 사례를 통해 우리는 긍정적인 응원의 두 가지 위력을 확인할 수 있다. 그중 하나는 바로 동기를 부여하는 힘이다. 저명한 작가가 되고 싶다는 그의 바람은 당초 한낱 꿈에 지나지 않았다. 그러나 노인의 칭찬을 들은 후 그는 본격적으로 저술 활동에 박차를 가할 수 있었다.

긍정적인 응원이 가진 또 하나의 위력은 바로 구원의 힘이다. 젊은 시절 힐은 꿈과 의욕을 잃고 하루하루 일에 치이며 살아가고 있었다. 그런 그를 북돋아 주고 재기로 이끌어 준 원동력이 바로 노인의 칭찬이다. 그 한마디가 낙담한 청년의 인생을 바꿔 놓은 것이다.

이처럼 긍정의 말은 돈 한 푼 들이지 않고도 사람의 잠재력을 이끌어내며 사기를 진작시키는 마법이나 다름없다. 그렇다면 어떻게 해야 긍정의 말을 더욱 효과적으로 건넬 수 있을까? 단순히 듣기 좋은 말을 반복한다고 해서 좋은 효과를 볼 수 있는 건 아니다. 긍정의 응원이 최대 효과를 내기 위해서는 세 가지 요소가 필요하다.

첫 번째는 진심 어린 마음가짐이다. 말에 진심과 애정을 담지 않으면 응원은 아무런 효과를 내지 못한다. 아무리 번지르르한 말로 칭찬과 격려를 건네도, 그 속에 진정성이 없다면 듣는 사람도 대번에 알아차리기 때문이다. "사랑해"라고 말할 때에는 진심으로 사랑하는 마음이, "고마워"라고 말할 때에는 진심으로 감사하는 마음이 담겨 있어야 한다.

두 번째는 힘 있는 목소리다. 비관적인 사람과 낙관적인 사람은 목소리만 들어도 구별해낼 수 있다. 비관적인 사람은 힘 있고 단단한 목소리를 내지 못하기 때문이다. 설령 타고난 목소리가 아름답다 하더라도, 비관적인 사고는 자세를 구부정하게 만들어 목소리를 힘없고 거칠게 만들어버린다. 이와 달리 낙관적인 사고를 가진 사람은 맑은 목소리를 낸다. 이들은 마음뿐만 아니라 자세와 표정 또한 바르고 자신감이 넘치기 때문에, 목소리 또한 밝고 명랑하다. 긍정의 메시지로 사람들을 매료하는 화술가는 하나같이 강하고 울림 좋은 목소리를 가지고 있다.

효과적 응원을 위한 마지막 세 번째 요소는 따뜻한 스킨십이다. 응원과 함께 건네는 스킨십은 말속에 담긴 긍정적인 에너지를 극대화한다. 악수, 토닥임, 포옹, 무엇이든 좋다. 친밀한 이와 나누는 스킨십은 옥시토신의 분비를 촉진해 정서적 안정감과 유대감을 강화시킨다. 이는 상대방이 응원 속에 담긴 진심을 더욱 잘 받아들일 수 있게 돕는다.

고등학교 때 국어 선생님이 내게 해준 칭찬은 위의 세 가지 요소를 전부 갖추고 있었다. 선생님은 자신이 돌보는 학생에게 애정 어린 관심을 가지고 있었고, 오랜 교사 생활을 거치며 전달력이 좋은 목소리를 가지고 있었다. 그뿐만 아니라 내 어깨를 자상하게 토닥여주기도 했다. 그렇기에 선생님의 따스한 칭찬은 내 인생에 그토록 강력한 영향력을 미칠 수 있었던 것이다.

이제 당신도 사랑하는 사람에게 진심이 담긴 목소리와 친밀한 스킨십으로 긍정의 칭찬을 건네 보자. 당신의 한마디가 그의 인생에 찬란한 선물을 안겨 줄지도 모른다. 돈으로 사는 값비싼 선물보다도 더욱 크고 값진 선물을 말이다.

이를 위해 이 장에서는 이처럼 인간관계를 튼튼하게 해줄 긍정의 말들을 준비했다. 타인과의 대화를 원활히 이어갈 수 있는 공감 말투를 비롯해, 관계를 돈독하게 만들어주는 칭찬과 사과의 말하기 방법까지 전부 담았다. 상대를 성장시키고 나의 품격을 높일 수 있는 말투 교정법도 같이 이야기하고자 한다. 자, 다들 긍정의 언어로 무장할 준비가 되었는가?

02

설득보다는 공감이 먼저다

"아이와 대화가 잘 안 돼요."

"남편과 거의 대화를 못 해요."

"직원과 소통이 되지 않아서 힘드네요."

다른 사람과 대화가 잘 통하지 않아 고민하는 사람이 많다. 대화가 단절되는 가장 큰 이유는 둘 중 한 명이 원하지 않는 대화를 하고 있기 때문이다. 상대방이 자신의 말을 경청하지 않는다는 생각이 들면, 말하는 사람도 흥이 식어 속 깊은 이야기를 하지 않는다. 그러면 이야기는 겉돌게 되고, 관계 역시 얕아지는 것이다.

이러한 파국을 막기 위해 가장 중요한 것이 바로 '공감'이다. 제아무리 논리적이고 현란한 말을 늘어놓는다 하더라도, 상대방의 말에 공감하고 경청하지 않는다면 제대로 된 대화라 부를 수 없다. 이에 대해 니체가 사랑한 철학자 발타자르 그라시안은 《사람을 얻는 지혜》에서 공감에 대해 이렇게 말한 바 있다.

"공감에는 마음과 마음을 일치시키는 신비한 힘이 깃들어 있다. 공감의 영향력은 천박하고 무지한 사람들이 마법이라고 부를 만큼 강력하다. 공감을 이끌어내는 사람은 말을 하지 않고도 상대방을 설득하고, 특별히 노력하지 않고도 원하는 것을 가진다. 드러내놓고 표현하는 공감이 있는가 하면, 먼발치에서 마음으로 지지하는 공감이 있다. 지혜로운 사람은 이 두 가지 공감을 이용해서 다른 사람의 존경과 호의를 얻어낸다."

공감의 대화에는 크게 세 가지 요령이 필요하다. 첫째, 경청이다. 상대방의 말을 주의 깊게 들어주는 것은 대화의 기본이다. 아무리 자신의 의견이 옳다고 생각해도, 일방적으로 내 말만 쏟아내면서 상대방의 의견에 귀 기울이지 않는다면 상대의 마음을 얻기 힘들다. 그보다는 상대가 먼저 말을 할 수 있게 배려하면서, 적절히 이야기를 주고받는 것이 좋다. 세계적인 토크 쇼의 제왕 래리 킹은 이렇게 말했다.

"훌륭한 화자가 되기 위해서는 먼저 훌륭한 청자가 되어야 한다. 상대의 말을 주의 깊게 들으면 내가 말할 차례가 됐을 때 더 잘 응대할 수 있고, 말을 더 잘할 수 있다."

공감 대화를 위한 두 번째 요령은 리액션이다. '나는 당신의 말을 잘 듣고 있으며, 그 속에 담긴 마음을 가슴 깊이 이해하고 있다'라는 사실을 표현해주는 것 또한 경청 못지 않게 중요하다. 상대방이 슬픈 이야기를 하면 "그런 슬픈 일이 있었군요"라고 말하며 자신도 가슴이 아프다는 걸 표현하고, 상대방이 기쁜 이야기를 하면 "와, 정말요? 기분 좋겠네요!"라고 하면서 자신도 기쁘다는 걸 알리는 것이다. 이렇게 자신의 말을 잘 듣고 있다는 신뢰가 쌓여야 상대방도 가슴속에 꽁꽁 숨겨두었던 이야기를 꺼낼 수 있다. 이것이야말로 더욱 깊고 친밀한 관계의 시작이다. 만약 적절한 리액션이 잘 떠오르지 않는다면, 다음 예시를 참고해 보자.

동감의 맞장구: 과연, 오호, 정말

경탄의 맞장구: 네에?, 와아, 대단하네요!

관심의 맞장구: 그래그래, 그래서?, 으응

동정의 맞장구: 저런, 그렇죠, 그렇습니까?

공감 대화를 위한 세 번째 요령은 바로 공통의 관심사 만들기다. 둘 중 한 명이 대화 주제에 별로 관심이 없다면 대화는 쉽게 단절되기 마련이다. 비유하자면, 대화는 서로 공을 주고받는 캐치볼과 같다. 상대방과 함께 말을 주거니 받거니 하는 활동이라는 뜻이다. 상대방이 대화에 재미를 느끼게 하려면, 상대방이 잘 받아줄 수 있는 쪽으로 화두를 던져야 한다. 나 혼자 재밌자고 상대방이 받아주기 어려운 곳으로 힘껏 공을 던지면 캐치볼은 힘들고 재미없는 노동으로 전락한다. 요컨대 상대방이 관심 없는 주제에 대해 이야기를 늘어놓아 봤자, 맞은편의 상대방은 하품만 나올 뿐이라는 얘기다.

물론 대화에 익숙하지 않은 사람은 상대방의 관심사를 포착해내는 게 어려울 수밖에 없다. 그럴수록 누구나 관심을 보일 만한 보편적인 관심사를 활용하면 좋다. 그리고 상대방이 보이는 반응에 따라 대화 주제를 자연스럽게 옮겨 가면 된다. 대화를 시작하기 좋은 보편적인 관심사는 다음과 같다.

> 집, 사는 동네, 고향, 친구, 학교, 직업, 직장, 취미, 건강, 좋아하는 음식, 맛집, 패션, 여행, 휴가, 자동차, 지하철, 비행기, 기차, 자연, 스포츠, 유행, 뉴스

이처럼 공감하는 말하기와 함께라면, 화려한 말주변 없이도 대화는 얼마든지 즐거워질 수 있다. 상대방은 내 말재주를 평가하기 위한 심사위원이 아니라, 함께 생각과 마음을 나눌 친구라는 사실을 기억하자. 경청, 리액션, 공통의 관심사라는 공감의 세 요소를 활용한다면 당신의 대화는 조금 더 풍요로워질 것이다.

03

한 번의 미소가 백 마디 말보다 강하다

"웃지 않아도 하루가 가고, 웃어도 하루가 갑니다. 그럼 웃는 게 낫지요."

몇 년이 지나도록 잊혀지지 않는 이 멋진 문장의 주인공은 김형석 연세대 명예교수다. 나는 과거 북 콘서트에서 그를 만난 적 있다. 100세가 넘을 정도로 연로한 학자임에도, 마치 어린아이처럼 쾌활하고 건강한 미소로 만인을 대하는 그의 모습에 나는 깊은 감명을 받았다. 그 미소의 힘 덕분일까, 첫 만남에서부터 우리는 즐겁고 뜻깊은 대화를 나눌 수 있었다.

이처럼 미소는 호감과 관심을 불러일으키는 열쇠다. 잘 웃는 사람과 잘 웃지 않는 사람. 사람들은 둘 중 어떤 사람과 대화를 하고 싶어 할까? 당연히 잘 웃는 사람이다. 그래서 사람을 상대하는 비즈니스에서는 이를 적극적으로 활용한다.

비행기에 탈 때를 상상해보자. 활짝 웃는 승무원의 얼굴이 가장 먼저 떠오르지 않는가? 이처럼 승무원은 승객과 눈이 마주칠 때마다 상냥한 말과 함께 따스한 미소를 건네는 것을 잊지 않는다. 이는 승무원의 서비스를 승객의 무의식 속에 긍정적인 경험으로 각인시킨다. 항공사는 이런 방법으로 승객이 계속해서 자사의 서비스를 이용하도록 유도한다.

미소는 다른 분야에서도 큰 힘을 발휘한다. 내가 만난 보험설계사 중에 K씨라는 사람이 있었다. 그는 다양한 영업 기술을 가진 유능한 보험설계사였지만, 이상하게도 번번이 고객에게 퇴짜를 맞기 일쑤였다. 그런 일이 여러 번 이어지자 K씨는 지푸라기라도 잡는 심정으로 내게 상담을 요청했다. 나는 그와 수차례 상담을 거쳐 한 가지 해법을 도출해냈다.

"대화법 면에서는 부족한 점이 없습니다. 이제 필요한 건 미소뿐이네요. 가끔은 미소가 화술보다도 더 큰 효과를 발휘합니다. 데일 카네기는 미소를 두고 '호의를 전달하는 심부름꾼'이라고 말한 적 있어요. 앞으로 이 심부름꾼을 잘 활용한다면 분명 좋은 성과가 있을 거예요."

그렇다. K씨의 약점은 대화법이 아니라 딱딱한 표정이었다. 게다가 타고난 날카로운 눈매와 거센 사투리 억양이 그를 더욱 차가운 인상으로 만들었던 것이다.

상담을 마친 후 K씨는 미소 짓는 연습을 시작했다. 일평생 습관처럼 굳어진 표정을 바꾸는 건 쉬운 일이 아니었지만, 그는 꾸준히 거울을 보면서 자신의 얼굴을 확인했다. 유머 코칭 학원도 다니기 시작했다. 수개월 뒤 만난 K씨는 몰라보게 달라져 있었다. 그는 웃는 얼굴로 누구와도 막힘없이 대화를 술술 이어 나가며 고객들의 호감을 얻었다. 그는 머잖아 지역구 보험왕에 등극하였고, 이제는 전국구 보험왕을 목표로 달려나가고 있다.

많게는 수백 명을 상대로 강의하는 내게도 웃음은 꼭 필요한 무기다. 아무리 좋은 콘텐츠를 준비한다고 해도 수강생들의 집중과 호응을 끌어모으기는 쉽지 않다. 그럴 때일수록 환한 미소는 더욱 빛을 발한다.

우선 나는 강단에 올라서면서부터 미소를 짓기 시작한다. 등장부터 넉살 좋은 표정으로 활기차게 걸어 나가며 청중들과 눈을 마주치는 것이다. 그것만으로도 충분히 좋은 첫인상을 심어줄 수 있다. 그리곤 인사와 자기소개를 하는데, 이때도 시종일관 웃음기 가득한 얼굴을 유지하는 것이 중요하다. 밝은 목소리만으로도 청중의 주의를 환기하고 분위기를 집중시킬 수 있다.

이처럼 대화에서 웃음의 역할을 결코 과소평가해서는 안 된다. 가끔은 말없이 미소 짓는 얼굴이 백 마디 말보다 강한 친화력을 발휘하는 법이다. 특히 웃음은 바이러스처럼 전염력이 매우 강해, 빙산처럼 딱딱하게 얼어붙은 상대의 마음조차도 여지없이 녹여버리는 힘을 가지고 있다. '웃는 낯에 침 뱉으랴'라는 속담이 괜히 있을까. 그러니 당신도 웃는 얼굴을 연습해 보라. 처음엔 어색하고 낯간지러울지 몰라도, 그런 당신을 바라보는 상대방의 마음은 봄날의 햇살처럼 따스해질 것이다.

04

호감 주는 사람은 이렇게 말한다

나는 직업 특성상 여러 기관에서 강의를 하고, 행사나 방송 출연이 잦다 보니 다양한 분야의 사람을 만날 기회가 많다. 요즘엔 사람 만나는 게 피곤하다는 사람도 많다지만, 나로서는 아주 반가운 일이 아닐 수 없다. 원체 새로운 사람을 만나길 좋아하는 성격이기도 하거니와, 다른 분야에 몸담고 있는 사람과 안면을 트면 강연 활동을 하는 데에도 큰 도움이 되기 때문이다. 이렇게 쌓은 인맥은 새로운 곳으로 강의를 하러 갈 때 정보를 얻고 도움을 요청하기 위해 요긴하게 쓰인다.

물론 내 이익을 위해서만 인맥을 쌓는 것은 아니다. 그들에게 도움을 주는 것 역시 내게는 아주 기쁜 일이다. 이렇게 도움을 주고받는 과정을 통해 인간관계는 더욱 돈독해진다. 그래서 나는 처음 만난 사람의 부탁이나 요청도 기꺼이 들어주는 편이다.

이처럼 사회생활을 하는 사람에게 인맥은 매우 중요하다. 2017년 잡코리아에서 남녀 직장인 713명을 대상으로 진행한 '직장인 이직 성공 요인 설문조사'에 따르면, 인맥 관리는 경력 기술서에 이어 두 번째로 중요한 이직 성공 요인으로 나타났다. 누구나 딸 수 있는 자격증이나 스펙보다도, 인맥을 통해 검증된 사람이 이직에 더 유리하다는 것이다.

그래서 나는 낯선 사람을 만나는 자리에서도 적극적으로 나를 소개하고 인사를 나눈다. 이때 아주 간단하면서도 상대방에게 좋은 인상을 심어줄 수 있는 방법이 있다. 바로 칭찬이다. 별것 아닌 칭찬으로도 상대방에게 좋은 기억을 남길 수 있다.

특히나 이렇다 할 접점이 없는 사람을 처음 만났을 때 감돌기 마련인 어색한 기류도, 한마디 칭찬만 있다면 한 방에 날려버릴 수 있다. 사람은 자신에게 관심을 갖고 호의를 표현하는 상대에게 마음의 경계를 쉽게 풀기 때문이다.

그뿐만 아니라 칭찬은 상대에게 자신을 각인시키는 효과도 있다. 만약 내가 상대방의 옷을 칭찬했다면, 그는 그

옷을 입을 때마다 내가 건넨 칭찬을 떠올릴 것이다. 옷이 아니더라도 마찬가지다. 중요한 것은 사람이 자신의 장점을 가꾸는 과정에서 자연스럽게 그 장점을 칭찬해 준 사람을 떠올리곤 한다는 것이다.

이처럼 칭찬은 관계를 형성하는 데 크나큰 효력을 발휘한다. 이를 두고 《사람을 사로잡는 칭찬 핸드북》의 저자 혼마 마사토는 칭찬의 달인이 인맥 부자가 될 수밖에 없는 이유를 다음과 같이 설명한다.

> "칭찬이 몸에 밴 사람 주위에는 항상 사람들이 끊이지 않는다. 이들은 항상 기분 좋은 이야기를 나눌 수 있고, 앞으로의 비전을 제시해주는 사람이기 때문에 모든 사람들이 함께 이야기를 나누고 싶어 한다. 만약 성공한 경영자나 사업가가 되기 위해 인맥을 많이 만들고 싶다면 만나는 사람마다 칭찬해보자. 진심 어린 따뜻한 칭찬 한마디가 당신을 좋은 기운을 가진 '유쾌한 사람'이라고 기억하게 만들 것이다."

하지만 칭찬이 인맥 관리에 중요하다는 걸 알고 있는 사람조차도, 정작 이를 잘 활용하지 못하는 사람이 많다. 칭찬을 받은 상대가 기고만장해질지도 모른다는 걱정과, 상대보다 우위에 서고 싶다는 마음이 걸림돌로 작용하기 때문이다. 하지만 거꾸로 물어보자. 당신이라면 칭찬 조금 들었다고 오만방자한 태도를 취할 것인가? 세상에는 그렇지 않을 사람이 훨씬 많다. 오히려 칭찬을 퍼주면 퍼줄수록 인맥의 곳간이 풍성해진다는 사실을 잊지 말자.

이를 위해 누구나 손쉽게 인맥 부자가 될 수 있는 칭찬법을 다섯 가지 소개해볼까 한다. 다음 칭찬법을 잘 기억해 두고, 낯선 사람을 만났을 때 아낌없이 사용하여 자신의 친구로 만들어 보자.

구체적으로 칭찬한다

옷차림이나 취향, 성과 등 구체적인 부분을 콕 짚어서 칭찬하는 것이 좋다. 두루뭉술하고 막연한 칭찬은 효과가 약하다. 의례상 건네는 칭찬이라 여기고 대수롭지 않게 생각하기 때문이다.

타이밍에 맞게 칭찬한다

만약 당신이 상을 탔는데, 누군가 시간이 한참 지난 후에 칭찬을 건네면 어떤 생각이 들까? 그가 내게 별로 관심이 없다고 느끼게 될 것이다. 다시 말해, 타이밍을 놓치면 칭찬을 하더라도 도리어 역효과를 일으킬 가능성이 높다.

먼저 칭찬한다

칭찬은 상대에게 먼저 받아야 하는 것도, 그 보답으로 건네야 하는 것도 아니다. 칭찬은 마치 선물과 같아서, 예상치 못하게 받았을 때 더욱 기쁜 법이다. 요컨대 칭찬은 선수를 쳐야 효과가 좋다.

진심으로 칭찬한다

진심이 담기지 않은 칭찬은 듣는 상대방도 금방 알아차린다. 상대를 향한 관심과 애정을 가지려고 노력해 보자. 진심 어린 칭찬은 그럴 때 비로소 샘솟는 법이다.

아부하지 않고 칭찬한다

칭찬과 아부의 경계를 분명히 하자. 사실 관계를 벗어난 과장된 칭찬, 대가를 바라는 칭찬은 피해야 한다. 아부는 오히려 거만하고 질이 나쁜 사람들을 꼬이게 한다는 걸 잊지 말자.

05

사람과 싸우지 말고 문제와 싸워라

어느 날 강의에서 한 남성이 내게 고민을 털어놓았다.

"저희 부부 관계가 매우 심각한 문제를 겪고 있습니다. 결혼 초에는 이런저런 일로 다투다가도 금방 풀어지곤 했는데, 시간이 지날수록 앙금이 쉬이 사라지지 않아요. 요즘은 작은 다툼에도 곧바로 언성을 높이곤 합니다. 서로 원만히 지내려고 노력해도 잘 되지 않고요. 어떻게 하면 좋을까요?"

그와 몇 가지 이야기를 나누어본 결과, 부부 관계를 악화시킬 만큼 특별한 외부 원인은 없어 보였다. 그런데 어째서 부부 사이 감정의 골은 점점 깊어지고 있었던 걸까? 문득 나는 이런 질문을 던져 보았다.

"싸운 후에는 보통 누가 먼저 사과를 하나요? 부인에게 먼저 사과를 하시나요?"

그러자 그가 머쓱한 웃음을 지으며 말했다.

"저희는 싸우고 나서 따로 사과를 하지는 않습니다. 부부 사이에 굳이 사과가 필요한가요? 그냥 몇 마디 나누다 보면 화가 풀렸는지 다 알 수 있는데요. 구태여 사과를 건네지 않아도 서로의 마음은 잘 알 거라고 생각해서요."

이들 부부 문제의 원인은 바로 이것이었다. 사과 없이는 화해도 없다. 타인과 함께 지내다 보면 의도치 않게 상대에게 실수나 잘못을 저지르는 경우가 생긴다. 그것 자체가 문제는 아니다. 사람이니만큼 당연히 그럴 수도 있는 것 아닌가. 하지만 그렇다고 해서 사과의 필요성이 사라지는 건 아니다. 잘못을 하지 않는 것보다 더욱 중요한 것은 잘못을 수습하는 자세다. 이를 위해 진정성 있는 사과는 필수적이다. 사과는 상대방이 받은 상처를 보듬고, 갈등을 봉합하여 더욱 돈독한 관계로 나아가는 지름길이기 때문이다.

사과가 이렇게나 중요한데도, 이를 별 대수롭지 않게 여기는 사람이 의외로 많다. 특히 부부 관계처럼 가까운 사이일수록 그런 경향이 강하다. 마치 먼저 사과를 하면 굽히거나 매달리는 사람처럼 보인다고 생각하는 모양이다.

하지만 사과는 패배자의 언어가 아니다. 《사과 솔루션》의 저자 아론 라자르에 따르면, 사과는 나약함의 상징이 아니라 담대한 힘을 상징한다. 그는 잘못을 인정하고 사과를 하는 행위야말로 정직, 관대, 겸손, 헌신을 요구하는 용감한 행동이라 말하며 이렇게 덧붙인다.

"사과는 후회를 표현하면서 잘못을 인정하는 것 이상의 행위다. 가해자가 자신의 행동을 변화시키기 위한 지속적인 헌신이기도 하다. 사과는 어느 누가 잘났고 옳은지 따지는 것이 아니라 갈등을 해결하는 강력하고 건설적인 형태이다. 이는 종교적, 사법적 시스템에도 변형된 형태로 녹아 있다."

경영의 신 마쓰시타 고노스케 역시 "세상에 사과하지 않고 넘어갈 수 있는 일이나 사과하지 않아도 괜찮은 사람은 이 세상에 존재하지 않는다"라고 말한 바 있다. 이렇듯 사과는 자신이 상대방을 존중하고 있음을 표현하는 시그널이자, 당신과 계속해서 관계를 이어가고 싶다고 말하는 친교의 신호이다.

사과의 중요성을 깨닫고 실천을 결심했다면 바람직한 변화라 할 수 있다. 다만, 사과에도 적절한 양식이 있다는 사실을 기억해둘 필요가 있다. 영혼 없이 "미안"이라고 하거나, "미안하다고 했잖아!"라며 외려 큰소리치는 건 올바른 사과가 아니다. 미안한 마음을 표현하는 진정성 있는 사과는 다음과 같은 요소를 꼭 갖추고 있어야 한다.

1. 잘못에 대한 정직하고 공개적인 인정

잘못을 했다면 변명하지 말고 솔직하게 시인해야 한다. 애매하게 얼버무리거나 교만하게 "유감입니다"라고 말하지 말자. 자신 때문에 상대가 어떤 피해를 입었는지 명확히 밝히고, 자신이 어떤 잘못을 했는지 인정해야 한다.

2. 진심 어린 후회

사과에는 겸허하고 진심 어린 뉘우침이 있어야 한다. 그리고 잘못을 되풀이하지 않겠다는 각오를 보여줘야 한다. 상황을 모면하기 위해 겉으로만 뉘우치는 시늉을 하는 거짓말은 대번에 들통난다. 사과하는 사람은 상대방이 받은 피해와 상처에 대해 진정으로 가슴 아파하고, 같은 실수를 반복하지 않기 위해 어떤 노력을 할 것인지를 이야기해야 한다.

3. 경위에 대한 설명

자신의 잘못을 인정하는 것과 별개로, 그런 잘못을 저지르게 된 경위를 설명할 필요가 있다. 변명하며 빠져나가라는 뜻이 아니다. 피치 못할 사정이 있었다면 그 사실을 밝히고 양해를 구해야 한다는 뜻이다. 이를 위해서는 감정이나 의도 대신 사실 관계만을 담백하게 이야기하면서, 서로의 입장 차이나 오해를 푸는 데 집중해야 한다.

4. 물질적, 정신적 보상

사과는 상대가 입은 상처와 피해에 대한 마땅한 보상을 끝으로 완성된다. '싹싹 빌면 넘어가겠지'라는 생각은 바람직하지 않다. 설령 상대가 사양하더라도 그에 맞는 보상을 해주는 적극성을 발휘해야 한다. 보상은 내 잘못에 대해 책임을 지는 행동이기 때문이다. 적절한 보상이 없어 불편한 감정이 남거나, 부작용이 생겼을 경우 관계는 회복되지 않는다.

"미안하다"라는 말뿐만 아니라, 자신의 잘못을 인정하고 재발 방지를 약속하는 것까지가 모두 사과의 과정에 속한다. 비 온 뒤 땅이 굳는다는 말처럼, 솔직하고 올바른 사과를 통해 더욱 돈독하고 친밀한 관계를 만들어 나가도록 하자.

06

품격을 완성하는 것은 말투다

처음 만난 자리에서 상대방이 어떤 사람인지 파악하기는 쉽지 않다. 그럴 때일수록 말투의 중요성이 빛을 발한다. 말투는 한 사람의 사고방식과 행동 양식을 고스란히 보여주는 간판이기 때문이다. 나아가 말투는 생각, 행동과 함께 한 사람의 인격을 이루는 한 축이라고도 할 수 있다.

이것은 결코 과장이 아니다. 사람이 말투를 만드는 게 아니라 말투가 사람을 만든다. 평소 입 밖에 내는 말 한마디 한마디가 모여 우리의 성품을 구성한다는 얘기다. 다시 말해 무심코 남을 깔보는 말투를 사용하다간 거만하고 오만한 사람이, 농담으로라도 자기를 비하하는 말투를 사용하다간 비관적인 사람이 되기 십상이다. 반대로 공손한 말투는 상대를 존중하는 성격을 만들고, 긍정적인 말투는 낙천적인 성격을 만든다.

하루는 카페를 개업한 지 얼마 되지 않은 사장이 내게 고민 상담을 부탁했다. 직원들과의 불화 때문이었다. 함께 일하다 보면 어느 정도 사이가 좋아지기 마련인데, 그녀의 가게는 그렇지 않았다. 오히려 직원들은 사장과 자주 마찰을 빚고는 금방 그만둬 버리곤 했다. 직원들이 떠날수록 그녀는 점점 더 격무에 시달렸고, 끝내 영업을 접어야 할지 고민하게 될 정도였다. 나는 문제의 원인을 찾기 위해 그녀가 직원들에게 어떻게 말을 건네는지 분석해 보았다.

알고 보니 사장은 말투가 제법 거친 편이었다. 카페라는 업종 특성상 나이가 어리고 사회생활이 서툰 아르바이트생이 많다 보니 크고 작은 문제가 일어나기 일쑤였는데, 그럴 때마다 그녀는 직원들의 잘못을 따끔하게 쏘아붙였다. 이때 성미 급하게 다그치는 듯한 그녀의 말투가 직원들의 마음에 상처를 주고 떠나게 만들었던 것이다. 그렇게 일손이 줄어드니 그녀는 더욱 지치기 시작했고, 그럴수록 그녀의 말투는 더욱 거칠어지는 악순환이었다. 나는 그녀에게 이렇게 조언해주었다.

"이제 여러 직원을 이끄는 책임자가 된 만큼, 말투에 더욱 신경을 써야 합니다. 리더가 어떤 말투를 쓰느냐에 따라 조직의 분위기가 달라지기 때문이죠. 지금처럼 비난하는 듯한 거친 말투를 사용하면 직원들도 리더의 잘못에 예민해지고, 업무 지시에도 반감을 가지기 쉽습니다. 일하는 중에도 계속 나쁜 감정이 끼어들어 성과도 나빠지고요.

그러니 이제부터는 상대를 배려하고 존중하는 말투를 사용해 보세요. 그러면 직원들 역시 당신의 말을 주의 깊게 듣고 배려해줄 겁니다. 기분 좋은 대화로 소통이 원활해지면 직원들과의 관계도 돈독해지기 마련입니다. 업무 만족도와 효율도 높아지지요. 리더의 언행이 조직 전체의 분위기를 결정짓는다는 것을 잊지 마세요."

이처럼 말투는 타인이 나를 파악할 수 있는 첫인상이나 다름없다. 위의 일화처럼, 평소 거칠고 퉁명스러운 말투를 사용하는 사람은 자연스레 그런 사람으로 여겨진다. 반대로 말투를 부드럽게 다듬으면, 주위에서도 그를 친절한 사람으로 보고 호감을 갖기 시작한다. 그런 호의는 부메랑처럼 돌아와 그를 더욱 따뜻하고 상냥한 사람으로 만든다. 말투와 성품의 선순환이 일어나는 것이다.

그렇다면 좋은 성품을 낳는 품격 있는 말투를 만들기 위해선 어떻게 말해야 할까? 먼저 신중하게 말해야 한다. 부주의하게 내뱉는 거칠고 험악한 말이나 남을 비난하는 말은 한순간에 평판을 떨어뜨리는 주범이다. 그러니 '세 번 생각하고 한 번 말하라三思一言'라는 고사성어를 마음에 새기도록 하자. 머릿속에 떠오른 말을 지금 꼭 해야 하는지 거듭 생각하고 말하는 습관을 들인다면 말투의 품격은 더욱 높아질 것이다. 율곡 이이 역시 신중한 말하기의 중요성을 설파하며 이렇게 말한 바 있다.

"말을 신중하게 하라. 배우는 사람이 선비의 행실을 닦고자 한다면 반드시 신중하게 말해야 한다. 사람의 잘못은 말에서 말미암은 것이 많으므로 말은 반드시 정성스럽고 믿음이 있어야 한다. 때에 맞추어 말하고, 다른 사람의 말에 대해 긍정하거나 동의하는 것을 무겁게 여겨야 한다."

또한 품격 있는 말투를 위해서는 상대방과의 관계 및 상황도 고려해야 한다. 내가 맡은 역할이나 사회적 지위 또한 이에 해당한다. 대통령은 대통령으로서, 교사는 교사로서, 부모는 부모로서 그에 맞는 품격 있는 말투를 사용해야 하는 법이다. 예를 들어, 한 가정의 부모 자식이 같은 학교에 교사와 학생으로 다니고 있는 상황을 떠올려 보자. 이때 교사인 부모가 자기 자식을 다른 학생들보다 더욱 살갑게 대한다면 어떨까?

이런 경우 이들은 상황에 맞지 않는 부적절한 말투를 사용했다고 볼 수 있다. 모든 학생을 공정하게 가르치고 평가해야 하는 교사가 특정 학생만 특별히 대우하는 것은 있어서는 안 될 일이기 때문이다. 아무리 사랑이 넘치는 부모와 자식이라 하더라도, 학교에 있을 때만큼은 서로를 교사와 학생으로 대해야 한다. 집에서는 다시 살가운 대화를 나누더라도 말이다. 다시 말해 관계를 고려하는 대화란, 공과 사를 구분하며 때에 따라 적절하고 필요한 말을 주고받는 대화를 뜻한다. 친구나 동료 같은 수평적 관계에서도 마찬가지다. 상황과 관계에 맞는 말투를 사용하면 상대방에게 신뢰와 호감을 얻을 수 있다.

마지막으로 활기차고 분명한 말투를 사용해야 한다. 말끝을 흐리고 우물쭈물하는 사람에게 호의를 갖는 사람은 없다. 무슨 말을 하는지도 알아듣기 어려우니 당연한 일이 아니겠는가. 하고 싶은 말을 조리 있고 뚜렷하게 표현할 때, 사람은 자기 생각에 더욱 확신을 갖고 당당해질 수 있다.

이런 야무진 태도를 가진 사람은, 심지어 그 생각에 동의하지 않는 사람에게도 좋은 인상을 심어줄 수 있다.

거듭 강조하듯 말투의 품격이 곧 사람의 품격을 대변한다. 상황에 맞춰 신중하고 분명하게 말하는 사람만큼 멋진 사람이 또 있을까. 만약 당신 또한 널리 호감과 존중을 받는 사람이 되고 싶다면, 위에서 말한 내용을 꼭 명심하자. 말투 하나만 바꾸어도 당신을 바라보는 사람들의 눈빛은 달라질 것이다.

4장

말을 바꾸면 일이 술술 풀린다

"늘 명심하라.

성공하겠다는 너 자신의 결심이

다른 어떤 것보다 중요하다는 것을."

— 에이브러햄 링컨

01

비관적인 말은 늪과 같다

"내 잘못이야. 난 어쩔 수 없나 봐."

"항상 실패하는데, 뭐. 이번에도 안 될 거야."

이런 비관적인 혼잣말을 입에 달고 사는 사람들이 있다. 그들은 현실이 그러하니 어쩔 수 없다고 입을 모아 말한다. 어렵고 불리한 상황에 처해 있으니 비관적인 말을 할 수밖에 없다는 것이다. 하지만 이는 소리 내어 말하는 일의 위력을 몰라서 하는 얘기다.

여러 번 강조했듯 말은 뇌에 자극을 주고 행동을 변화시킨다. 자기 자신을 믿고 긍정적으로 말하는 사람의 뇌는 불리한 상황을 뛰어넘을 잠재력을 개방한다. 그 반대도 마찬가지다. 자신을 믿지 못하고 "망했다"나 "포기할래" 같은 말을 늘어놓는 사람은 뇌도 위축된다. 그런 사람들은 충분히 뛰어넘을 수 있는 장애물 앞에서도 무너지기 마련이다.

이처럼 비관적인 혼잣말은 자기 자신에게 실패하라는 암시를 거는 것이나 다름없다. 단순히 부정적인 의미의 단어를 소리 내어 말하는 것만으로도 실수하거나 실패할 확률은 급격히 높아진다. 예를 들어 똑같이 중요한 일을 앞둔 사람이더라도, "잘할 수 있어"라고 말하는 사람과 "실수하지 말자"라고 말하는 사람은 그 결과가 다르다.

K리그 축구 선수들이 그 좋은 예다. 스포츠 심리학자 김병준 교수는 K리그에서 활약하는 수비수들의 경기 전 모습을 관찰하고 분석한 결과, 실력에 비해 제 기량을 발휘하지 못하는 선수들에게서 한 가지 공통점을 발견해냈다. 원인은 바로 수동적이고 소극적인 혼잣말이었다. 그것이 선수들에게 부정적인 자기 암시로 작용한 것이다.

예컨대 "오늘은 골 먹지 말자"라고 말하는 순간, 그 선수의 머릿속에는 자연히 머릿속에 실점이라는 상황이 떠오른다. 그런 최악의 상황에 정신이 팔린 선수는 불안과 긴장으로 위축된 채 경기에 임하게 된다. 이래서는 당연히 제 기량을 온전히 발휘하지 못한다. 혹시라도 점수를 잃게 된다면, 그 선수의 멘탈은 완전히 무너져버릴 것이다.

김병준 교수는 이처럼 부정적인 상황을 연상시키는 자기 암시가 아무런 도움도 되지 않는다고 말한다. 그보다는 "이 경기장에선 내가 최고다"라며 스스로 용기를 북돋은 박지성 선수처럼, 긍정적인 상황을 상상할 수 있는 혼잣말이 훨씬 큰 도움이 된다는 것이다. 이에 대해 그는 자신의 저서 《강심장 트레이닝》에서 이렇게 말한다.

"부정적인 자기 암시는 좋을 것이 없다. 우선 자신감이 현저히 떨어진다. 자기 암시는 개인이 갖고 있는 신념이기 때문이다. 부정적인 신념은 집중력을 떨어뜨리고 의욕을 낮춘다. 다른 사람도 아닌 자신이 스스로 자신감, 집중력, 의욕을 떨어뜨리는 것은 굉장히 안타까운 일이다. 온전히 믿을 것은 자신뿐인데 다른 사람도 아닌 자신을 부정적으로 속단하는 것은 결코 좋을 리가 없다."

부정적인 자기 암시라는 늪에서 빠져나오기 위해서는 긍정적인 혼잣말이 필요하다. 물론 이미 굳어진 습관을 단박에 바꾸기는 쉽지 않을 것이다. 하지만 이를 차근차근 고쳐 나갈 수 있는 매뉴얼이 있다. 바로 'ASDR 논박법'이다.

그 첫 번째 단계는 부정적인 생각 알아차리기Aware다. 이는 지금 자신이 무슨 생각을 하고 있는지 스스로 묻고 밝히는 과정이다. 인간의 뇌는 자기도 모르게 비관적인 방향으로 기울기 마련이라, 이를 객관적으로 돌이켜 보는 과정이 꼭 필요하다. 이 과정에서 우리는 모든 게 자신의 잘못이라는 과도한 자책, 한 가지 실패가 다른 일에도 악영향을 줄 것이라는 부정적 일반화, 실패로부터 결코 헤어나오지 못하리라는 체념 등을 흔히 발견할 수 있다.

ASDR 논박법의 두 번째 단계는 부정적인 생각 멈추기Stop다. 물론 한번 퍼져나가기 시작한 생각을 멈추기란 말처럼 쉽지가 않다. 이때 이를 도와줄 수 있는 것이 바로 긍정 지시어다. '그만', '여기까지', '다시 생각해보자'처럼 생각의 흐름을 전환하고 다른 방향으로 이어나갈 수 있는 지시어를 활용하면, 범람하는 부정적 생각을 덮어버리는 데 도움이 된다.

그다음 세 번째 단계는 부정적인 생각 논박하기Dispute다. 앞서 말했듯 인간의 뇌는 쉽게 부정적인 생각으로 기운다. 하지만 이런 생각에는 '~하면 어떡하지?'라는 막연한 걱정과 지레짐작만 있을 뿐, 뚜렷한 논리가 없다. 그럴지도 모른다는 것일 뿐, 꼭 그럴 거란 보장은 없다는 말이다. 부정적인 생각이 주는 불안감에 현혹되지만 않는다면, 이를 반박하기란 그리 어렵지 않은 일이다.

마지막 네 번째 단계는 긍정적인 혼잣말로 바꾸기Replace다. 부정적인 혼잣말을 쫓아낸 빈자리를 "잘 할 수 있어!", "한번 해보자고!", "결과보다는 지금 이 순간 최선을 다하자!" 등의 긍정적인 혼잣말로 채워넣는 것이다. 앞으로 ASDR 논박법의 네 단계를 잘 기억해 두었다가, 부정적인 혼잣말이 튀어나올 때마다 되새기고 실천하도록 하자. 말이 바뀌면 생각이 바뀌고, 생각이 바뀌면 행동이 바뀌고, 행동이 바뀌면 운명이 바뀌는 법이다.

이 장에서는 이처럼 잠재력을 깨우고 성과를 향상시킬 수 있는 긍정의 말을 준비했다. 용기를 주는 자기 암시, 긴장을 에너지로 바꾸는 루틴, 인생 목표를 찾는 자기 사명서, 리더십을 키우는 자기 질문 등이 그것이다. 이를 통해 독자 여러분도 습관화된 비관을 극복하고 자신만의 희망을 찾기 바란다.

02

최고의 코치는 거울 속 당신이다

빌 게이츠와 스티브 잡스. 각각 마이크로소프트와 애플이라는 세계적 IT 기업을 이끌며 성공가도를 달린 두 혁신가의 공통점은 뭘까? 바로 매일 아침 거울을 보며 스스로 말을 걸었다는 것이다. 빌 게이츠는 매일 집을 나서기 전 거울 속 자신을 보면서 "나는 무엇이든 할 수 있다", "오늘은 왠지 내게 큰 행운이 생길 것 같다"라는 말을 외쳤다. 이와 비슷하게 스티브 잡스는 매일 아침 세면대 거울을 바라보며 "오늘이 인생 마지막 날이라면 오늘 하려던 일을 하고 싶나?"라고 물었다.

이들이 거울을 보며 얻은 것을 한 단어로 요약하면 '자기 확신'이다. 이들은 그날 하루 자신이 무엇을 해야 하는지,

그리고 자신이 그것을 해낼 수 있는지 거울 속 자신을 바라보며 스스로 묻고 대답했다. 이를 통해 빌 게이츠와 스티브 잡스는 자신이 하려는 일에 확신과 자신감을 갖고 이를 추진해 나갈 수 있었다.

이러한 거울 대화법은 자기 확신을 얻기 위해 누구나 따라할 수 있는 방법이다. 나 또한 마찬가지다. 아무리 프로 강사라고 해도 CEO 대상 강의나 큰 규모의 행사 진행을 할 때면 긴장이 되는 법이다. 긴장이 과하면 자칫 제 실력을 발휘하지 못할 수도 있다. 때문에 중요한 일이 있는 날 아침이면 나는 말끔한 정장 차림으로 거울 앞에 서서 두 주먹을 불끈 쥐고 외친다.

"나는 대화법 일등 강사다. 오늘 내 재능을 마음껏 발휘해 많은 분에게 유익함을 전해줄 것이다."

이렇게 거울을 보면서 자기 암시를 하면 긴장이 풀리고 자신감과 용기가 솟구침을 체감할 수 있다.

거울 앞에서의 자기 암시는 《신념의 마력》의 저자 클라우드 M. 브리스톨의 일화를 통해 그 효과가 널리 알려졌다. 그는 어느 날 아침 우연히 거울 앞에서 비틀거리는 취객을 발견했다. 그런데 휘청거리던 그가 거울을 보면서 "취해선 안 된다"라며 몇 차례 중얼거리더니, 몇 분 지나지 않아 취기를 말끔히 이겨내는 게 아닌가! 그는 이 일화를 세일즈맨 교육에 활용해 큰 성공을 거두었다. 그는 이렇게 말했다.

"'나는 이룩한다, 이룩한다!' '한다, 한다!' 이 말을 되풀이하고 되풀이하여 참으로 그 마음이 되어야만 한다. 거울을 볼 때마다 말하라. 하루의 일과를 시작할 때 큰 소리로 외쳐라."

이러한 자기 암시에서 거울은 특별한 역할을 한다. 거울이 자기 자신의 모습을 타인의 시선에서 볼 수 있도록 비추어주기 때문이다. 거울을 보며 이야기하면 거울에 비친 자신을 대상화하여 객관적으로 볼 수 있다. 이 상태에서 자기 암시를 하면 그 효과가 더욱 커진다. 심리 상담에서 사이코드라마를 활용하는 이유도 평소와 다른 역할을 맡음으로써 자신을 객관적으로 바라볼 수 있기 때문이다.

프랑스 자기 암시 요법의 창시자 에밀 쿠에는 거울을 보면서 "나는 날마다, 모든 면에서 점점 좋아지고 있다"라고 말하라 권했다. 현재 강연가로 활동하고 있는 서상록 삼미그룹 전 부회장 역시 이렇게 말한다.

"나는 성공하는 사람이라고 거울을 보면서 웃는 연습을 6개월만 해

보라. 그리고 말 잘하는 연습을 6개월 해라. '너는 잘될 것이다. 너는 성공할 것이다'라고 스스로에게 주문을 걸면 된다."

거울 앞에서의 자기 암시는 세일즈맨뿐만 아니라 누구에게나 유익하다. 특히나 구체적인 목표를 반복해 말하면 성과 달성에 매우 큰 도움이 될 수 있다. 그것이 업무적 목표든 개인적 목표든 상관없이 말이다. 그러니 매일 아침 거울을 바라보면서 그날의 목표를 힘찬 목소리로 외쳐 보자. 잠들어있던 당신의 잠재력이 활성화되어 목표한 성과를 달성할 수 있는 힘을 발휘할 것이다.

03

긴장을 에너지로 바꾸는 말습관

큰 경기를 앞둔 선수들은 대부분 심한 긴장감을 느낀다. 평소 열심히 땀 흘려 연습하더라도 심리적 압박감을 이겨내지 못하면 제 기량을 여실히 발휘할 수 없다. 자연히 이를 어떻게 관리하느냐가 경기의 승패로 이어지는 경우가 많다.

그 대표적인 예가 바로 2020년 도쿄올림픽에서 양궁 3관왕을 차지한 안산 선수다. 그녀는 단 한 발로 금메달을 가리는 개인전 결승 슛 오프 당시, 분당 118회의 안정적인 심박수를 기록하며 쏜 10점짜리 화살로 승리를 거머쥐었다. 당시 상대 선수의 심박수는 분당 167회까지 치솟아 올랐는데도 말이다.

보는 사람조차 손에 땀을 쥐게 만드는 절체절명의 순간

에서 안산 선수는 어떻게 평정심을 유지할 수 있었을까? 여러 매체와의 인터뷰에서 그녀는 자신의 다양한 노하우를 공개한 바 있다. 쏘기 전 화살 깃을 한 번 펴 주기, 속으로 시원하게 욕 한 번 하기, 평소 버릇 지키기…. 별것 아닌 것 같아 보이지만 이러한 습관들이야말로 마음을 편하게 하고 집중력을 유도하는 비결이다.

이렇듯 스포츠 선수들에게는, 최상의 기량을 유지하는 것 못지않게 심리적 부담감을 극복하는 것 또한 매우 중요하다. 그래서 스포츠 선수들은 긴장감을 덜고 평정심을 찾기 위해 자신만의 특정한 동작이나 절차를 반복하기도 하는데, 이를 '루틴'이라 부른다.

루틴을 잘 활용하는 대표적인 선수로는 '골프 여제' 박인비를 꼽을 수 있다. 박인비는 항상 경기가 시작되기 1시간 20분 전에 도착해 워밍업을 한다. 또한 경기 중에는 외식을 하지 않고 직접 만든 음식으로 끼니를 해결하며, 최종 라운드에 임할 때는 반드시 흰색 옷을 입는다. 그녀는 거의 모든 경기에서 자신의 루틴을 지키며 정신을 집중한다. 이렇게 그녀는 흔들리지 않고 자신의 페이스를 지키다가, 결정적인 순간 단 한 번의 샷으로 우승을 차지한다. 이것이 그녀가 '침묵의 암살자'라는 별명을 얻게 된 이유다.

물론 이러한 루틴을 운동선수들만 활용하라는 법은 없다. 시험을 앞둔 수험생, 면접을 앞둔 취준생, 프레젠테이션을 앞둔 직장인 등 중요한 일을 앞두고 압박감에 시달리는 사람이라면 누구나 루틴을 개발하고 활용할 수 있다. 시험이 치러지는 시간대에 맞추어 공부를 한다거나, 실제 발표처럼 여러 번 리허설을 해보는 것도 좋은 루틴이다. 매일매일 같은 생활 패턴을 반복함으로써, 결전의 날에도 여느 때와 다름없이 평안하고 고요한 마음을 유지한다면 부담스러운 큰일도 어렵지 않게 헤쳐나갈 수 있을 것이다.

이러한 루틴에다 긍정적 자기 암시까지 더하면 더욱 커다란 시너지를 얻을 수 있다. 그 살아있는 예가 바로 굴지의 비즈니스 컨설턴트이자 세계적인 베스트셀러 작가인 브라이언 트레이시다. 고등학교를 중퇴하고 호텔 주방에서 접시닦이로 연명하던 그가 어떻게 연 매출 3000만 달러의 거부가 될 수 있었을까?

브라이언 트레이시는 그 비결을 바로 '마음속 리허설'이라 말한다. 실패에 대한 불안과 걱정이 생길 때마다 그것을 이겨내는 자신의 모습을 상상하는 것이다. 이렇게 마음속에서 실패를 체험하고 재무장하는 연습을 거듭할수록, 언젠가 마주칠 수밖에 없는 거절과 실패를 빠르게 극복하고 이겨낼 수 있다는 것이다. 그는 습관화된 긍정의 힘을 역설하며 이렇게 말한 바 있다.

> "자신에게 긍정적으로 이야기하라. 거절과 실패에 대한 두려움이 일어날 때마다 '나는 할 수 있다! 나는 할 수 있다!'라고 말하라."

만약 자신이 수험생이라면, 시험장에서 술술 문제를 푸는 자신의 이미지를 떠올려 보자. 그리고 "다 아는 문제들이군!", "충분히 해낼 수 있어!"와 같은 자기만의 주문을 만들어 보자. 면접을 앞둔 취준생이나 프레젠테이션을 앞둔 직장인도 마찬가지다. 떨지 않고 자신 있게 분위기를 주도하는 자신의 모습을 떠올리며 "즐기면서 하자!", "내가 제일 잘할 거야!" 같은 주문을 외우며 스스로를 다잡는다면, 불쑥불쑥 고개를 드는 긴장감에도 페이스를 유지하며 실력을 마음껏 발휘할 수 있다.

이처럼 실력 향상과 컨디션 관리만큼이나, 멘탈이 흔들리지 않게 다잡는 것 역시 성공과 실패를 가르는 결정적인 원인이라는 사실을 꼭 기억하자. 심리적 안정이 확보되지 않는다면 최고의 성과도 없다. 그러니 여러분도 꼭 루틴과 자기만의 주문을 활용하여 자기 인생의 금메달을 목에 걸기 바란다.

04

"해야 한다"라고 말하면 하지 못한다

"희망이 없어요."

"뭘 하고 싶은지도 잘 모르겠어요."

"아무리 노력해도 미래가 막막한데 어떡해야 할까요?"

요즘 대학교에 강연을 하러 가면 이런 말을 자주 듣는다. 가장 꽃다울 시기이건만 어쩜 이리도 기운이 없을까. 남들에게 뒤처지지 않기 위해 쫓기듯 열심히 살면서도, 정작 무엇을 위해 노력하는지를 몰라 막막해하는 학생들의 모습을 보면 무척이나 안타까운 마음이 든다. 그런 젊은이들에게 한 가지 당부하고 싶다. 어쩌면 '꼰대'라는 소리를 들을까 두렵지만, 그것이 이 말을 전하는 대가라면 달게 받아야겠다.

젊은이들이여, 자신의 미래는 자신이 정하는 것이다. 이제까지는 부모의 기대와 은근한 압박 때문에, 그리고 남들 눈치와 자존심 때문에 남들 다 하는 대로 따라서 살아왔을지도 모른다. 좋은 학교, 번듯한 직장, 남부럽지 않은 결혼과 형편…. 그런 것들을 꿈꾸면서 말이다. 남 보기에 부러울 만큼은 아니어도 부끄럽지 않을 만큼은 되기 위해, 그런 것들을 꼭 이뤄내야 한다는 마음이 여러분이 겪어온 인생을 피곤하게 만들었을 것이다.

물론 남들 사는 대로 사는 삶이 나쁘다는 게 아니다. 문제는 그 태도다. '꼭 그렇게 해야 한다, 그렇지 않으면 안 된다'라는 태도가 사람을 지치게 만든다. 삶의 형편을 완성하는 것은 마음의 형편이기 때문이다. 이와 관련해 심리학자 수잔 제퍼스는 저서 《도전하라 한번도 실패하지 않은 것처럼》에서 놀라운 사실을 전한다. "해야 한다"처럼 배수진을 치는 말이 오히려 "할 수 없다"라는 말만큼이나 사람을 무기력하게 만든다는 것이다.

"'해야 한다'라는 말도 패자의 언어입니다. 이 말은 우리에게 선택권이 없다는 의미를 함축하고 있습니다. 하지만 '할 수 있다'라는 말에서는 좀 더 힘이 느껴집니다."

고통이 되는 말	힘이 되는 말
해야 한다	할 수 있다
할 수 없다	하지 않을 것이다
문제가 생겼다	기회가 생겼다
나는 내가 만족스럽지 않다	나는 배우고 성장하고 싶다
인생은 투쟁이다	인생은 모험이다
그렇게 되면 좋겠다	그렇게 될 것이다
이번엔 망했다	다음번에는 반드시 해내겠다
어떻게 해야 할지 모르겠다	어떻게든 할 수 있다
큰일 났다	배움의 기회다

"친구를 만날 수도 있지만, 오늘은 어머니를 뵈러 갈 거야"라고 말하는 사람에게, 어머니를 방문하는 일은 의무가 아닌 주체적인 선택의 결과다. 친구를 만나거나 혹은 어머니를 만난다는 선택지 중에 나의 의지로 어머니에게 방문하는 것을 선택했기 때문이다. 반면 "오늘은 어머니를 만나러 가야 해"라는 말은 부담감이나 압박감과 같은 소모적인 감정을 불러일으킨다. 그렇기에 "해야 한다"라고 말할 때마다 우리는 자기도 모르게 무력감에 잠식된다.

부지불식간에 우리를 압박감과 무력감에 빠뜨리는 말은

이 외에도 많다. 이를 무심코 사용하다 보면 인생을 능동적으로 다스리지 못하게 된다. 그러니 이제부터는 주체적인 표현으로 바꾸어 말하도록 하자. 다시 말하건대, 자신의 인생은 자신이 정하는 것이다. 그 첫 단추를 꿰는 것은 바로 여러분의 말이다.

05

위대한 삶은 위대한 말에서 시작된다

한 사람이 채석장을 지나다가, 돌을 다듬어 벽돌을 만드는 벽돌공들을 만났다. 그는 세 명의 벽돌공에게 차례로 물었다.

"당신은 지금 무슨 일을 하고 있습니까?"

첫 번째 벽돌공은 이렇게 대답했다.

"나는 밥벌이를 하고 있소."

두 번째 벽돌공은 이렇게 대답했다.

"나는 전국에서 가장 멋진 벽돌을 만들고 있죠."

세 번째 벽돌공은 이렇게 대답했다.

"나는 역사에 길이 남을 위대한 대성당을 짓고 있습니다."

분명 같은 일을 하고 있건만, 세 벽돌공의 대답은 각자 조금씩 다르다. 어째서일까? 맡은 일에 대한 태도가 다르기 때문이다. 첫 번째 벽돌공은 그저 돈을 벌기 위해 일하는 소극적인 태도를 보인다. 아마 그는 적당히 시간이나 때우다 돈이나 받을 수 있다면 그것으로 족할 것이다. 한편 두 번째 벽돌공은 눈앞의 일에 최선을 다하고 있다. 하지만 그는 자신이 만든 벽돌이 어디에 쓰이는지 관심이 없다. 단기적인 목표는 있으나 장기적인 비전은 없는 것이다.

그런데 이들과는 다른 대답을 한 사람이 있다. 바로 세 번째 벽돌공이다. 그는 자신이 하는 일의 목적이 무엇인지 자각하고 있으며, 그것에 소중한 의미를 부여하고 있다. 그것은 바로 위대한 대성당을 짓는다는 사명이다.

이 이야기는 피터 드러커가 《경영의 실제》에서 사명의 중요성을 강조하며 들었던 일화로 유명하다. 과연 이 세 벽돌공 가운데, 누가 더 큰 보람과 성취를 얻을까? 당연히 세 번째 벽돌공이다. 첫 번째 벽돌공은 돈이 아니면 일에 관심이 없으므로 별다른 성취를 이루지 못할 것이다. 두 번째 벽돌공은 일만 열심히 할 뿐, 그 일에 의미를 부여할 방향성이나 통찰이 없으므로 회의감이나 번아웃에 빠질 수도 있다. 그러나 이들과 달리 세 번째 벽돌공은 일에 자신만의 사명을 부여한다. 그는 멀리 내다보며 목표를 향해 자율적으로 나아간다. 이런 마음가짐은 어떠한 난관이라도 뚫고 나갈 수 있는 원동력이 된다.

우리네 삶도 이와 같다. 목표를 손에 넣고자 한다면 자신에게 자율적인 사명을 부여해야 한다. 돈을 많이 벌지 못하거나 고난과 역경이 엄습해 와도, 가슴 뛰는 사명을 가지고 있다면 목표를 향한 하루하루를 보람차고 의미 있게 보낼 수 있다.

이를 위해 추천하고 싶은 방법이 있다. 바로 자기 사명서다. 사명은 머릿속으로 생각만 할 때보다 직접 글로 써서 낭독할 때 더욱 큰 효과를 발휘한다. 《성공하는 사람들의 7가지 습관》의 저자 스티븐 코비는 글로 쓴 자기 사명서가 개인의 헌법이나 다름없다고 말하며 이렇게 얘기한다.

> "목표를 확립하고 행동하는 가장 좋은 방법은 자기 사명, 즉 자신의 인생 철학 내지 신조를 작성하는 것이다. 자기 사명서는 우리가 어떤 사람이 되기를 원하는가(성품), 무엇을 하기를 원하는가(공헌 및 업적)를 기술하고, 자신의 존재와 행동이 바탕을 두고 있는 가치와 원칙에 초점을 맞추어야 한다."

자기 사명서를 쓰면 삶을 주도적으로 이끌기 위해 필요

한 비전과 가치관을 구체적으로 확립할 수 있다. 이를 토대로 중장기적인 목표와 그에 필요한 단기적인 방침을 수립하도록 하자. 그렇게 하면 시간과 재능을 더욱 효율적으로 사용할 수 있다.

자기 사명서를 다 쓴 후에는 그것을 큰 소리로 낭독하면서, 자신의 목소리에 귀 기울여보길 바란다. 처음엔 마치 다른 사람의 목소리처럼 어색하게 느껴질지도 모른다. 하지만 진심으로 반복해서 외치다 보면 변화가 일어나기 시작한다. 신념 가득한 목소리를 타고 귀로 들어온 자기 사명은 두뇌에 깊숙이 각인되어 뇌를 재조정하기 때문이다. 낭독이 반복되면 뇌는 자기 사명서를 가정이나 공상이 아닌 현실로 받아들인다. 스스로 정한 사명이 더는 허황되거나 터무니없게 느껴지지 않고, 오히려 이를 완수하기 위한 의욕과 용기가 피어날 것이다.

그러니 만약 자신의 일상이 첫 번째나 두 번째 벽돌공처럼 무기력하고 보람도 없게 느껴진다면, 여러분도 지금 당장 자기 사명서를 쓰고 소리 내어 읽어 보기 바란다. 그렇다면 여러분도 세 번째 벽돌공처럼 인생이라는 대성당을 멋진 모습으로 지어나갈 수 있을 것이다.

06

최고의 리더를 만드는 최고의 화법

"혼자서는 일을 잘하는데 팀을 이끄는 일은 서툴기만 합니다."

"작은 중소기업 대표인데, 직원이 제 생각처럼 따라주지 않습니다."

누구나 리더가 될 수 있다. 부서나 회사의 대표부터 동호회 등 인간관계에 이르기까지, 어느 공동체에나 리더는 한 명쯤 있기 마련이다. 그러나 리더는 결코 만만한 자리가 아니다. 그러다 보니 리더이면서도 제 역할을 제대로 수행하지 못해 고민을 토로하는 사람이 적지 않다. 개인의 역량은 뛰어나지만, 공동체의 대표로서 구성원을 통솔하고 지휘하는 데에는 애를 먹는 것이다. 리더가 흔들리면 조직이 휘청

거리게 되는 만큼, 리더의 역량은 조직의 흥망과 직결되어 있다고 보아도 과언이 아니다.

나 역시 대여섯 명 정도의 팀을 꾸려 큰 규모의 프레젠테이션을 준비할 때가 있다. 프로 강사이니만큼, 혼자 강연을 진행하는 일쯤이야 눈앞에 수백수천 명의 청중이 있다 해도 별로 어렵지 않다. 하지만 팀을 이끄는 리더로서는 나 역시 아직 부족한 점이 많다. 팀원들에게 명확한 목표를 제시하지 못한다거나, 역할을 체계적으로 나누지 못해 결국 모든 일을 혼자 떠맡아 부랴부랴 해치우는 경우도 있다.

처음 이런 상황을 겪었을 땐, 팀원 탓 상황 탓을 하며 억울해하기 바빴다. 하지만 지금 와서 생각해 보면 손발이 맞지 않았던 궁극적인 이유는 결국 내가 리더의 역할을 제대로 하지 못했던 탓이었다. 여러 사람이 하나의 목표를 공유하면서도 각자의 일에 집중할 수 있도록 만들어주는 것이 리더로서 나의 책임이었기 때문이다.

리더로서 나는 낙제점에 가까웠다. 이런 내게 어느 기업 사장님이 구원의 손길을 내밀었다. 그는 경영 능력이 뛰어날 뿐만 아니라 직원들을 잘 통솔하는 것으로 유명했다. 갈팡질팡하는 나에게 그는 이렇게 조언해주었다.

"리더는 조직의 뼈대를 잡는 사람입니다. 너무 세세한 구석까지 지시를 내리고 통제하려 하면 제아무리 우수한 팀원이라도 기를 펴지 못해요. 리더 자신도 힘에 부치죠. 그보다는 팀원들이 자신의 역량에 맞는 업무를 맡고 있는지, 조직원끼리 의사소통이 잘되는지를 살피는 게 더욱 중요합니다."

그러면서 그 사장님은 내게 한 가지 팁을 가르쳐 주었다. 스스로 리더의 역할을 잘 수행하고 있는지 알아보려면 자신에게 세 가지 질문을 던져보라는 것이었다.

첫 번째 질문은 '적절한 우선 과제를 세웠는가?'이다. 리더의 역할은 과제를 설정하고 조직원을 통솔하여 목적을 달성하는 것이다. 이때 리더가 아무 과제나 던져주면 조직원들이 헤매기 십상이다. 그렇기에 리더는 과제를 잘 선별할 줄 알아야 한다. 이를 위해서 리더는 시급한 과제와 그렇지 않은 과제를 구별할 줄 알아야 하고, 조직원들이 그 과제를 수용하고 매진할 수 있도록 동기를 부여해주어야 한다. 리더가 중요한 핵심 과제를 조직원에게 분명하게 제시할 때, 조직원은 자신의 최고 역량을 발휘할 수 있다.

두 번째 질문은 '적합한 사람을 구했는가?'이다. 우선 리더는 과제를 잘 수행할 수 있는 인재를 선별할 줄 알아야 한다. 아무리 학벌이 좋거나 뛰어난 능력을 갖추었더라도 핵심 과제를 수행하기 어려운 사람이라면 아무런 소용이 없다. 인재 선별은 곧 인재 관리로 이어진다. 만약 우수한 직원이 제 기량을 발휘하지 못한다면, 그에게 맞는 업무를 찾아주는 것 역시 리더의 일이다.

리더의 소양을 판가름할 수 있는 세 번째 질문은 '올바른 관계를 만들었는가?'이다. 하나의 목표 아래 여러 사람이 업무를 나누어 일하는 만큼, 조직 내 커뮤니케이션과 관계 설정은 중요한 요소다. 비즈니스적 계약 관계라고 해서 상대를 함부로 대하거나, 필요 이상으로 무관심해서는 곤란하다. 리더가 조직원과 수평적으로 소통하면서, 조직의 미션과 비전을 제시할 때 조직원은 비로소 도전 정신을 발휘하기 시작한다.

많은 사람들이 리더가 되어 조직의 중추적인 자리에 오르고자 한다. 직접 조직을 지휘하며 더욱 큰 성과를 얻고 싶어하기 때문이다. 의욕과 열정으로 똘똘 뭉친 사람에게 리더는 그만큼 매혹적인 자리다.

물론 누구나 리더가 될 수 있다. 그러나 아무나 좋은 리더가 될 수는 없다. 조직원의 역량을 이끌어내면서 모두가 만족할 만한 성과를 이루는 건 여간 까다로운 일이 아니기 때문이다. 그러니 탁월한 리더십을 발휘하고 싶다면, 앞서 말한 세 가지 질문을 꼭 기억하도록 하자. 과제를 시의적절하게 설정하고, 그 업무를 알맞은 사람에게 분배하고, 동료들 간 관계를 원만하게 유지할 수 있다면, 당신의 조직은 분명히 승승장구하게 될 것이다.

5장

말을 바꾸면 돈이 풍족해진다

"네가 하는 말이

네가 살 집이 된다."

— 하피즈

01

돈그릇을 키우는 말습관

"지긋지긋한 가난에서 벗어나고 싶어요."

"이렇게 벌어서 언제 부자가 될 수 있을까요?"

우리는 주변에서 위와 같은 신세 한탄을 자주 들을 수 있다. 가끔씩은 우리 마음속에서도 말이다. 그런데 이런 말투를 잘 살펴보면, 몇 가지 특징을 발견할 수 있다. 바로 마음의 초점이 풍요가 아닌 결핍에 맞추어져 있다는 것, 그리고 부를 획득할 수 있다는 자신감이 부족하다는 것이다.

바로 이런 사고방식이야말로 부를 손에 넣지 못하는 원인이다. 왕후장상의 씨가 따로 있는 게 아닌 것처럼, 부자가 될 운명 역시 태어날 때부터 결정되어 있는 게 아니다. 강렬히 꿈꾸고 노력하는 사람이라면 누구나 부를 거머쥘 수 있다. 그런데도 어떤 사람들은 결핍과 무기력의 말투를 떨쳐내지 못한다. 그런 말투가 자신을 스스로 빈곤의 궁지로 몰아가는데도 말이다.

이러한 말투를 버리지 못하면 가난의 운명에서 벗어날 수 없다. 말이 생각을 결정하고, 생각이 운명을 결정하기 때문이다. 그러니 가난의 운명에서 벗어나 부자가 되고 싶다면 결핍과 무기력의 말투를 과감히 버려야 한다. 그리고 말과 생각을 풍요롭게 정돈해야 한다.

이에 성공한 대표적인 주인공이 독일 출신의 금융 전문가이자 경영 컨설턴트인 보도 섀퍼다. 그는 스물여섯 살까지 빚더미에 짓눌려 지내다가, 부자들을 만나면서 부를 축적하는 원리를 깨달았다. 이 원리를 이용해 그는 서른 살 무렵에 이르러 이자만으로 생활을 할 수 있을 정도의 막대한 부를 축적하는 데 성공했다. 그 비결을 묻는 사람들에게, 섀퍼는 자기 자신을 스스로 빈곤으로 몰아넣는 다음 7가지 습성을 버리라고 강조한다.

> 왜 부를 이뤄야 하는지 모르는 것.
>
> 분명한 목표를 세우지 않는 것.
>
> 끝까지 해내려는 절실함이 없는 것.

> 조금의 불편함도 참아내지 못하는 것.
>
> 큰 책임이 따르는 일을 피하는 것.
>
> 제 역량을 넘어서는 일에 도전하지 않는 것.
>
> 자신의 강점 대신 약점에 집중하는 것.

왜 부를 이뤄야 하는지도 모르고, 분명한 목표나 절실함도 없으며, 인내심과 책임감 그리고 열정이 부족한 사람은 결코 부자가 될 수 없다. 게다가 자신의 강점에 스스로 집중하지조차 않는다면, 도대체 누가 그 사람의 강점을 알아줄 수 있단 말인가? 이 모든 습성은 풍요가 아닌 궁핍으로 가는 지름길이다.

목표를 너무 작거나 모호하게 설정하는 것도 문제다. 《시크릿》의 저자 론다 번은 사람들이 막연히 부자가 되고 싶어할 뿐, 정작 어떤 부자가 되고 싶은지는 생각하지 않는다고 말한다. 그 대신 사람들은 대부분 빚 청산 같은 소극적인 목표에 매달린다. 소극적인 목표는 곧 그 사람의 한계가 된다. 잘 풀려봤자 빚을 갚는 게 고작인 것이다.

큰 부를 손에 넣고 싶다면 목표 역시 커야 하며, 분명한 부를 손에 넣고 싶다면 목표 역시 분명해야 한다. 어떤 고기를 잡고 싶은지 알아야 그 고기가 사는 곳으로 갈 수 있으며, 큰 뜰채가 있어야 큰 고기를 잡을 수 있지 않겠는가?

요컨대 큰 부를 쟁취하기 위해선 사고방식을 전환해야 한다. 그런데 앞에서도 여러 번 강조했듯, 사고방식을 전환하기 위해선 입에서 나오는 말부터 바꾸어야 한다. 즉 부자가 되고 싶다면 말투부터 바꿔야 한다는 것이다. 《부자선언》의 저자 팻 메시티도 말하지 않던가. "나는 백만장자처럼 사고할 것이다!" 이 선언이야말로 평범한 소시민의 사고방식에서 탈피하고 부자의 사고방식을 장착하는 첫걸음이다.

이처럼 부자가 되길 원한다면, 부자의 말투를 장착해야 한다. 부에 대한 확신을 갖고 당당하게 말하는 것이다. 그러면 사고의 초점이 부를 겨누게 된다. 사고가 빈곤에 매달리지 않고 부를 향해 정렬될 때, 부의 추월차선은 비로소 활짝 열린다.

당신은 어떤 삶을 살고 싶은가? 빈곤에 끌려다니며 적자와 대출 이자를 메꾸기 위해 허덕이는 삶인가? 아니면 부에 집중하며 목표를 실현하기 위해 몰두하고 정진하는 삶인가? 당신의 운명은 당신 손에, 아니 당신 말에 달렸다.

이 장에서는 그런 당신을 위해 부를 불러올 말을 준비했다. 호언장담, 미래일기, 좌우명 읽기 등이 그것이다. 돈은 창고나 통장에만 쌓이는 것이 아니라는 사실을 기억하자.

그래서 부자들은 부를 담을 수 있는 말 그릇을 만든다. 당신도 당신만의 말 그릇을 만들어 부를 차곡차곡 담아 보도록 하자.

02

하늘은 스스로 믿는 자를 부자로 만든다

"나는 서른 살에 백만장자가 될 것이다. 그렇지 않으면 오마하의 가장 높은 빌딩에서 뛰어내릴 것이다."

고작 열세 살밖에 안 된 어린아이가 당신 앞에서 이렇게 말한다면 어떤 생각이 들까? "요 녀석, 할 말이 있고 못할 말이 있지!" 하면서 꿀밤을 꽁 먹여주고 싶을지도 모른다. 하지만 이 호기로운 열세 살짜리 소년은 정말로 서른 살에 백만장자가 되었고, 이제는 세계 경제를 주름잡는 큰손 중의 큰손이 되었다. 이 소년의 이름이 바로 그 유명한 워런 버핏이다.

워런 버핏은 고작 여덟 살 때부터 주식 투자를 시작했다. 주변 사람들이 보기에는 어린 그가 의욕만 앞선 철부지처럼 보였을지도 모른다. 하지만 그에겐 흔들리지 않는 믿음이 있었다. 그는 어릴 때부터 각종 아르바이트와 소자본 창업을 통해 밑천을 모았고, 컬럼비아대 벤저민 그레이엄 교수 밑에서 경제학을 공부하며 자기만의 투자 철학을 구상했다. 이런 철저하고 빈틈없는 준비를 통해 그는 자신의 호언장담을 현실에 구현해낼 수 있었다.

이처럼 호언장담은 꿈과 목표를 현실로 옮기는 핵심적인 비결 중 하나다. 이는 탄탄한 내공과 확실한 비전을 가진 사람이 내놓는 열망과 자신감의 선언이다. 이로써 워런 버핏은 마음속에 남아 있는 의심과 두려움을 몰아내고, 스스로에게 동기를 부여하며 잠재력을 끌어올릴 수 있었다.

이것은 허풍이 아니다. 허풍과 호언장담은 다르다. 허풍을 떠는 사람은 자기 자신을 믿지 못한다. 자신에게 목표를 이룰 생각도 능력도 없다는 사실을 그 누구보다 잘 아는 사람들이 바로 허풍선이들이다. 이들은 오직 남들이 자신의 거짓말에 속아 넘어가는지에만 관심을 기울인다. 반면 호방한 사람들은 다르다. 이들은 자신을 믿어주는 이가 아무도 없더라도 스스로를 믿는 사람들이다. 이들은 자신의 능력과 재능을 의심하지 않는다. 이 확고한 신념이 이들을 성공으로 이끈다.

이를 입증하는 두 세계적인 기업가가 있다. 그중 하나는 손정의 소프트뱅크 회장이다. 그는 대학에 입학하기 직전인 열아홉 살에 이미 20대부터 60대까지의 인생 방향과 목표를 설계한 '인생 50년 계획'을 수립했다. 20년도 채 살지 않은 소년이 50년의 계획을 세운다니, 엉뚱하고 터무니없게 느껴질지도 모른다. 그러나 1981년 소프트뱅크를 창업하는 자리에서, 그는 단 두 명의 직원을 앞에 두고 이렇게 선언했다.

"소프트뱅크는 5년 이내에 100억 엔, 10년 뒤에는 500억 엔, 그리고 언젠가는 1조 엔 대의 기업이 될 것입니다."

이 말은 그대로 현실이 되었다. 이처럼 손정의 회장은 자신의 비전에 대해 한 치의 의심도 없이 당당했다. 그는 자신을 믿었고, 자신의 말을 믿었다. 그렇게 1999년, 그는 63억 달러의 재산으로 세계 53위의 대부호가 되었다.

호언장담을 통해 부자가 된 또 다른 주인공은 바로 마윈 알리바바 회장이다. 그는 삼수를 해서 대학에 겨우겨우 진학한 데다, 대학 졸업 후에는 입사 시험에 서른 번도 넘게 낙방하는 등 오랜 실패를 맛봤다. 그러나 마윈은 포기하지 않았다. 그는 항저우의 작은 아파트에서 시작한 알리바바를 중국 인터넷 쇼핑 시장의 거두로 성장시켰다. 중국 1위

온라인 쇼핑몰이 된 소감을 묻는 기자의 질문에 마윈은 이렇게 대답했다.

"지난 15년간 알리바바는 중국인이라면 누구나 아는 이름으로 자리 잡았습니다. 하지만 곧 세계가 알리바바의 이름을 기억할 것입니다."

마윈은 자신의 말을 실현시켰다. 2014년 미국 뉴욕 증시에 상장한 알리바바는 역대 최대 규모의 자금을 끌어모으며 전 세계인에게 그 이름을 각인시켰다. 현재 알리바바는 시가총액 2300억 달러를 돌파하며 신화를 이어가고 있다.

부자가 되길 바라는 사람은 많다. 하지만 어떤 사람은 확신을 갖고 자신의 꿈을 널리 설파하는 반면, 어떤 사람은 두려움에 위축되어 감히 입밖에도 꺼내지 못한다. 이 둘의 차이는 머잖아 어마어마하게 벌어질 것이다. 당당하게 목표를 선언하는 것만으로도 당신의 잠재력은 최대치로 발휘되어, 불가능해 보이는 일도 해치울 수 있다. 선택의 여지가 없다. 부자가 되고 싶다면 워런 버핏처럼, 손정의처럼, 마윈처럼 당당히 호언장담하라.

03

부자가 되고 싶다면 부자처럼 말해라

누구나 부를 꿈꾸지만 정작 그 꿈을 이루는 사람은 아주 적다. 성취를 위한 계획을 세우고 그것을 실천에 옮기는 일이란 결코 쉽지 않기 때문이다. 그래서 우리는 부를 성취하기 위한 실천 대신, 달콤하지만 별 도움은 되지 않는 이런저런 핑계와 자기 합리화에 마음을 빼앗기곤 한다.

당신은 어떤가? 한 치의 망설임도 없이 '나는 그렇지 않다'라고 말할 수 있는가? 아마 어려울 것이다. 하지만 너무 주눅들진 않길 바란다. 다들 비슷하니까. 대부분의 사람들은 생각을 실천에 옮기길 귀찮아한다. 그 귀찮음을 무릅쓰고, 꿈을 위해 꾸준히 실천하는 사람은 소수다.

그러나 이 소수야말로 자신의 목표를 이루고 경제적 자

유를 달성하는 사람들이라는 사실을 잊어서는 안 된다. 이들에게 부자가 되고 싶다는 꿈은 한낱 몽상도 상상도 아니다. 이들은 자신의 삶에서 그 실현 가능성을 찾아내고 이를 행동에 옮긴다. 이런 실천이 오랜 시간 쌓이고 쌓였을 때, 이들은 비로소 경제적 자유라는 목표를 손에 넣는 것이다.

반면 대다수 평범한 사람들은 부자가 되고 싶다는 소망을 막연한 꿈 이상으로 발전시키지 않는다. 그러다 보니 계획도 명확하지 않고, 실천으로 옮기기도 어려운 것이다.

그렇다면 부자가 되고 싶다는 꿈을 이루기 위해 무엇을 하는 게 좋을까? 적금? 주식? 부동산? 그런 것들은 수단일 뿐이다. 당신에게 그 무엇보다 시급한 것은 목표를 세우는 일이다. 구매하고 싶은 물건을 정하는 것도 좋다. 모으고자 하는 액수를 정하는 것도 좋다. 어쨌든 목표를 정하라. 목표가 없으면 의욕이 생기지 않는다. 의욕이 없으면 적금 이자도 푼돈으로만 느껴지고, 주식도 어떤 회사에 어떻게 투자해야 할지 몰라 망설이게 된다. 그런 식으로 시작해 봤자 적금은 오래 가지 못하고, 투자는 쪽박을 차기 십상이다.

나 역시 비슷한 경험이 있다. 수년 전, 나는 고수익을 보장한다는 펀드 매니저의 유혹에 홀려 수억 원에 달하는 빚을 지고 말았다. 그 사실을 알게 된 순간 손발이 떨리고 식은땀이 비 오듯 흘렀다. 내가 어쩌자고 그런 바보 같은 짓을 저질렀을까. 모든 것을 포기해버리고 싶은 마음이 드는 것도 한두 번이 아니었다. 지금 생각해보면 그 당시 내겐 스스로 세운 뚜렷한 목표가 없었다. 그러니 '고수익'이라는 감언이설에 생각 없이 홀라당 넘어가 버린 것이리라.

그래도 나는 그나마 운이 좋은 편이었다. 남편이 나의 실책을 다그치고 책망하는 대신 든든히 지켜주었기 때문이다. 그런 남편을 봐서라도 쉽게 포기할 수는 없었다. 나는 닥치는 대로 강의와 행사 사회 등을 맡으며 빚을 갚아나갔다. 다행히 죽으란 법은 없는지 생활은 겨우겨우 안정을 되찾기 시작했다. 그 무렵 나는 한 가지 엉뚱한 생각을 하기 시작했다.

'이 빚을 다 갚으면 뭘 하지?'

물론 갚아야 할 빚은 아직 산더미처럼 남아 있었다. 그걸 모두 청산할 날은 까마득하게 멀어 보이기만 했다. 하지만 빚을 갚는 데만 열중하다 보면, 빚을 다 갚고 난 뒤 내 삶의 원동력은 사라져 버릴지도 모른다. 그러면 또 다시 달콤한 말에 넘어가 같은 실수를 반복할지 누가 알겠는가. 내겐 삶의 중심이 되어줄 목표가 필요했다.

'빚을 다 갚은 이후를 대비해서 큰 그림을 그리자. 그

래, 나는 강사로 열심히 일해서 돈을 벌겠어. 나는 연 수입 10억 원의 스타 강사가 될 거야.'

이때부터 나는 '미래일기'를 쓰고 낭독하기 시작했다. 매일 밤마다, 5년 후 10억 원을 버는 스타 강사가 된 내 모습을 그리며 일기를 쓰고 낭독한 것이다.

여기서 중요한 점은 미래일기를 쓸 때는 현재형 문장으로 써야 한다는 것이다. 마치 내 목표가 이미 이루어진 것처럼 말이다. 예를 들면 "나는 10억 원을 버는 강사가 될 것이다"가 아니라 "나는 10억 원의 연 수입을 올리는 강사다"라고 써야 한다. 그리곤 그것을 실제로 이룬 것처럼 온 마음을 담아 낭독해야 한다.

이는 나 혼자만의 주장이 아니다. 《하루 세 번 YES를 외쳐라》의 저자 사토 도미오도 현재형 언어가 가진 힘에 대해 이렇게 역설한 바 있다.

> "현재 넉넉하지 않더라도 부자인 것처럼 행동하라. 연기를 잘하면 잠재의식이 그대로 받아들인다. 이미 그것은 연기가 아니라 현실인 것이다."

이처럼 자신의 미래를 구체적으로 그리며 말하고 쓰고

행동하는 순간, 우리 뇌는 그것을 현실로 착각한다. 그러면 뇌는 그에 맞추어 스스로를 프로그래밍하고, 이내 자신의 잠재력을 발휘하기 시작한다. 그 결과 현재 나는 빚을 전부 청산한 것은 물론, 정말로 연 수입 10억 원을 벌어들이는 강사가 되었다.

당신도 충분히 가능하다. 이미 부자인 것처럼 행동하며 뇌를 속여라. 현재형 미래 일기를 쓰고, 열과 성을 다해 낭독하라. 그러면 뇌는 당신의 꿈을 기억할 것이며, 그 목표를 이루도록 꾸준히 실천할 의욕을 뿜어낼 것이다.

04

풍족하게 살고 싶다면 좌우명을 만들어라

성공한 백만장자 기업인에게는 하나같이 멋들어진 좌우명이 있다. 이들은 좌우명이 자신의 삶에 큰 의미가 있다고 말한다. 이를 두고 어떤 사람들은 졸부들의 겉멋 차리기라며 헐뜯기도 한다. 과연 그럴까? 좌우명은 정말로 형식적인 겉치레일 뿐일까?

그렇지 않다. 좌우명이야말로 이들이 역경을 헤쳐나갈 수 있었던 버팀목이자, 성장에 결정적인 역할을 한 히든카드라 해도 과언이 아니다. 이건희 전 삼성전자 회장을 예로 들어보자. 삼성은 1990년대 초까지만 해도 세계 시장에서 그다지 주목받지 못했다. 그랬던 삼성을 현재의 글로벌 기업으로 성장시킨 그의 비결은 '경청'이라는 좌우명이었다.

이건희 회장은 '경청'을 경영 현장에 적용했다. 회사 내부의 효율성과 생산성 문제를 개선하기 위해, 내부 직원과 각계 전문가의 의견을 적극 경청한 것이다. 직급이 낮고 힘없는 직원들의 목소리를 놓치지 않기 위해 사내 신문고 제도를 시행하기도 했다. 이처럼 경청에 입각한 경영을 통해 삼성은 국내를 벗어나 세계를 무대로 비약적인 성장을 이룰 수 있었다.

'노블레스 오블리주'로 유명한 유일한 유한양행 창업자도 마찬가지다. 그는 '기업이란 사회를 위해 존재한다'라는 좌우명대로, 국내 최초로 종업원지주제를 도입하여 회사 지분을 직원들에게 돌려주었다. 그뿐만 아니라 장학 사업에도 힘써 회사의 이익을 지역 사회에 환원한 바 있다.

이렇듯 좌우명은 자신의 삶을 건강하고 풍요롭게 경영하고자 하는 사람에게 없어서는 안 될 삶의 나침반과 같다. 이 나침반이 없다면 갈등과 난관 앞에서 갈팡질팡하다가 조난을 당하기 일쑤다. 하지만 힘있는 좌우명으로 명확한 삶의 좌표를 잡으면, 어떤 상황에서도 중심을 잃지 않고 앞으로 나아갈 수 있다.

그렇다면 좌우명은 어떻게 정하는 게 좋을까? 나폴레온 힐은 좌우명이란 숭고한 신념을 반영해야 한다고 말한다.

이를 통해 신념에 부합하는 행동을 실행에 옮길 자극과 영감을 얻을 수 있다는 것이다. 이와 동시에 그는 좌우명을 행동에 반영하기 위한 방법을 알려준다.

"하루 종일 몇 번씩 좌우명을 소리 내어 말하라. 잠자리에 들기 전에 느낌과 감정을 담아 50번씩 반복하라. 좌우명을 써서 욕실 거울이나 자동차 계기판, 책상 위의 달력, 냉장고 문, 지갑 등 눈에 잘 띄는 곳에 붙여놓아라. 좌우명을 반복하면 반복할수록 그것과 그것이 표현하는 가치들이 당신의 습관이 될 것이다."

좋은 좌우명을 짓고 싶다면 다른 사람들의 좌우명을 참고해보는 것도 좋다. 다음은 유명한 부자들의 좌우명이다. 좌우명만 보더라도 그들의 삶이 어땠는지, 그들이 가장 중요하게 여긴 가치가 무엇인지 자연스레 떠오르지 않는가?

"한결같이 부지런하면 천하에 어려운 일이 없다." _정주영

"여자의 일로 승리하라." _마사 스튜어트

"내일 아침 신문 1면에 나올 만한 일에 전념하라." _워런 버핏

"다른 사람을 이해하라." _스티븐 코비

이들은 언제나 좌우명을 가슴에 품은 채, 그것을 시시때때로 소리 내어 말했다. 어려움에 처할 때, 제대로 나아가고 있다는 확신이 들지 않을 때, 포기하고 싶은 유혹이 찾아올 때 그들은 좌우명을 되뇌며 힘과 용기를 얻었던 것이다.

이를 심리학에서는 '자기 충족적 예언'이라고 한다. 이는 믿음이나 신념이 행동에 영향을 준다는 심리 법칙이다. 좌우명은 그러한 신념을 가장 세련된 형태로 갈고 닦은 결정판이다. 이를 통해 백만장자 기업인들은 자신의 삶을 예언했다. 바로 그 한 줄의 신념이, 그들을 존경받는 거물의 삶으로 이끈 것이다.

05

가장 훌륭한 상담사는 나 자신이다

"상황을 객관화하고 자신과 대화하라."

위 문장은 세계적 베스트셀러 작가 토머스 콜리가 백만장자를 꿈꾸는 사람에게 권하는 주문이자, 자수성가형 백만장자들이 실제 공유하는 습관이기도 하다. 이는 빌 게이츠 마이크로소프트 회장, 마크 저커버그 페이스북 CEO, 리처드 브랜슨 버진그룹 회장 등 233명의 습관을 분석한 결과다.

자기 대화란 다른 사람이 아닌 나 자신과 나누는 대화를 뜻한다. 이는 무의미하게 지껄이는 혼잣말이 아니다. 자기 대화는 자신을 둘러싼 상황을 객관적으로 파악하고 스스로 진단하도록 돕는 방법이다. 이를 통해 우리는 나 자신에게 목표를 수행할 동기를 부여하고, 고도의 역량을 발휘하도록 유도할 수 있다.

자기 대화를 활용해 얻을 수 있는 좋은 효과 중 하나는 감정 조절이다. 새로 시작한 강의가 수강생들로부터 좋은 피드백을 받지 못할 때, 프레젠테이션의 성과가 좋지 않을 때, 지인과 의견 충돌이 있을 때 나는 자기 대화를 통해 마음을 다스린다. 조용한 공간에서 느긋하게 시도해도 좋지만, 기차나 지하철 등 이동 시간 중에도 충분히 가능하다. 의자에 편히 몸을 묻은 채 기차 바퀴의 규칙적인 소리를 들으며 내 안의 나와 진지하게 대화를 이어가는 것이다.

"요즘 컨디션이 좋지 않구나. 그래서 강의에서도 호응이 낮았던 거야. 조급하게 생각하지 말자. 컨디션이 좋아지면 다시 잘할 수 있어."

"이번 PT는 급하게 준비해서 실수가 많았고 호응이 적었어. 바쁠수록 돌아가라는 말이 있잖아. 다음에는 침착하게 잘 준비하자. 파이팅!"

"너무 내 주장만 폈던 건 아닐까. 명색이 대화법 전문가이니만큼 상대의 의견을 경청하는 걸 잊지 말자. 한 번 더 묻고 듣고 이야기하는 거야."

이렇게 나 자신과 대화를 하다 보면 긴장과 화, 스트레스가 서서히 풀리는 느낌이 든다. 그러면 자연스레 문제 상황이 객관화되고 해결의 실마리가 손에 잡히기 시작한다. 눈앞의 문제에 매몰되어 미처 파악하지 못했던 전체적인 흐름을 더욱 넓은 시야에서 파악할 수 있게 되었기 때문이다. 이처럼 자기 대화는 감정을 조절하고 과제를 해결하는 데 확실한 효과를 발휘한다. 《내 안의 나를 이기는 법》의 저자인 심리학자 한스 모르쉬츠키는 이렇게 말했다.

"자신과 이야기하는 사람은 이를 하지 않는 사람보다 성과가 더 좋다. 과제가 어려울 때 낮은 목소리로 자기 대화를 시작하라. 자기 대화는 어렵거나 새로운 과제를 더 주의 깊게 다루는 데 도움이 된다. 성과를 내야 하는 상황에 직면해서 어떻게 자기 대화를 하는지 주의를 기울여라. 내적 대화를 통해 성공 프로그램을 짜 넣어라."

이제 어째서 백만장자들이 자기 자신과 대화를 나누려 하는지 알겠는가? 더 큰 성취를 이루려는 사람일수록 더 많은 장애물을 맞닥뜨리기 마련이다. 그것을 가장 간단하면서도 효과적으로 다스릴 수 있는 방법이 바로 자기 대화다. 당신도 그런 백만장자 중 한 사람이 되고 싶다면 자기 대화를 실천해보자. 자기도 모르는 사이에 스스로 정답을 발견하고 문제를 해결해 나가는 자신의 모습에 놀라게 될 것이다.

《유태인 자기 대화》의 저자 슈물리 보테악에 따르면, 자기 대화는 세 가지 유형으로 나뉜다. 첫 번째 유형은 '격려하는 자기 대화'이다. 부를 추구하는 도중에 난관에 봉착한 사람에게 절대적으로 필요한 건 격려다. 나는 나에게 필요한 격려가 무엇인지 가장 잘 아는 사람이니만큼, 자신에게 격려와 지지를 보내는 자기 대화를 통해 우리는 정말로 뜻깊은 격려를 얻을 수 있다.

자기 대화의 두 번째 유형은 '양심의 자기 대화'이다. 부에 대한 열망이 강할수록 편법에 대한 유혹 또한 거세지는 법이다. 하지만 편법을 사용한 사람의 말로는 결코 좋지 않다. 자기 대화는 이러한 유혹으로부터 우리를 구출하고, 올바른 길을 걷도록 이끈다. 이처럼 양심의 자기 대화를 활용한다면 놓치지 말아야 할 자신만의 가치와 원칙을 되새겨 볼 수 있을 것이다.

마지막 세 번째 유형은 '진정한 나와의 대화'이다. 세상에서 가장 나를 잘 아는 사람은 다름아닌 나다. 남에게 보이기 부끄럽고 창피한 무언가를 꽁꽁 숨긴다 하더라도, 나 자신에게까지 숨기기란 불가능한 법이다. 모든 것을 내려놓고, 내면 가장 깊은 곳의 목소리와 진솔한 대화를 나누어 보자. 이를 통해 우리는 부의 진정한 의미를 깨달을 수 있다. 부는 남에게 과시하기 위한 게 아니라 진정한 자신을 발견하고 삶과 정신을 풍요롭게 만들기 위한 발판임을 말이다.

이렇듯 자기 대화는 미궁 같은 문제로부터 빠져나오고 잠재된 역량을 최대한 발휘하기 위해 꼭 필요한 습관이다. 물론 처음엔 어색하고 부자연스러울 수도 있다. 평소에 자주 해보지 않은 일이니만큼 당연한 일이다. 하지만 이상하게 생각할 것 없다. 그 어색함을 이겨내고 조금씩 자신에게 솔직해질수록, 여러분은 자기 대화가 불러올 놀라운 변화를 직접 목격하게 될 것이다.

06

내뱉은 말은 무조건 지켜라

한 상인이 배를 타고 강을 건너고 있었다. 그러던 중 사고로 배에 물이 차서 가라앉을 위기에 처했다. 상인은 지나가는 배를 향해 살려달라고 소리쳤다. 마침 그 비명을 들은 한 어부가 배를 몰아 다가왔다. 그러자 상인이 말했다.

"나를 구해준다면 금화 100냥을 주겠소!"

어부는 일확천금에 기뻐하며 그를 구해 가까운 뭍에 내려주었다. 그러자 상인은 입을 싹 닦고 말을 바꾸는 게 아닌가?

"금화는 80냥만 주겠소."

"아니, 분명 금화 100냥을 준다고 하지 않았습니까?"

어부는 앞뒤가 다르지 않냐며 따지고 들었다. 그러자 상인은 오히려 어부가 욕심이 많다고 핀잔을 주었다. 어부는 화가 난 나머지 한 푼도 받지 않고 자리를 떴다. 얼마 뒤, 상인은 또다시 배를 타고 강을 건너다 똑같은 위치에서 배가 침몰될 위기에 처했다. 그때 전에 상인을 구해줬던 어부가 다시 나타났다. 상인은 그에게 살려달라고 애원했다. 하지만 어부는 이렇게 말하고는 상인을 버려두고 가버렸다.

"신용 없는 상인이군. 다시 구해줘 봤자 적반하장으로 화를 내겠지. 상종할 사람이 못 돼."

위 이야기는 신용이 얼마나 중요한지를 보여주는 중국의 옛날이야기다. 특히 신용은 그 특성상 말과 직결되어 있다. 말 한마디로 천 냥 빚을 갚을 수도 있다면, 반대로 말 한마디 때문에 천 냥 빚을 질 수도 있는 것이다.

실제로 큰 기업을 이끄는 경영자들은 모두 신용을 생명처럼 중히 여겼다. 그중에서도 특히 현대건설을 창립한 정주영 전 회장의 일화를 이야기해 보도록 하자. 현대건설 창업 초기, 그는 대구와 거창을 잇는 고령교 보수 공사를 따냈다. 고령교 보수 공사는 당시 정부에서 발주한 최대 규모의 공사였던 만큼, 거액의 보수와 함께 회사의 명예까지 드높일 수 있는 기회였다. 그런데 막상 공사를 시작하니 상황이 예기치 않게 흘러가기 시작했다. 열악한 장비에다 갑작

스러운 홍수까지 더해져 공사는 큰 난관에 부딪혔다. 공사가 차일피일 미뤄질수록 임직원 사이에서는 차라리 계약을 파기하자는 주장까지 나오기 시작했다.

"여기서 중단하지 않으면 회사가 막대한 빚더미에 앉게 될 겁니다!"

그러나 정 회장은 공사를 뚝심 있게 밀고 나갔다. 무슨 일이 있더라도 일을 끝까지 진행하겠다고 선언한 것이다.

"한 번 신용을 잃어버리면 다시 정부를 상대로 사업하기 힘듭니다. 당장은 손해를 보더라도 신용을 지켜야 정부가 우리 회사를 믿고 더 많은 일을 맡기지 않겠습니까?"

결국 정 회장은 주변에서 끌어올 수 있는 빚이란 빚은 다 끌어모아 기어코 고령교 보수 공사를 끝마쳤다. 물론 임직원들이 우려했던 대로 엄청난 적자가 발생했다. 당시 현대건설이 지출한 공사비는 초기 예상 금액의 두 배가 넘는 수준이었다고 한다. 현대건설은 이때 진 빚을 무려 20년 동안이나 갚아야 했다.

하지만 이 공사를 계기로, 현대건설은 건설업계에서 가장 주목받는 건설사로 떠올랐다. 무슨 일이 있어도 약속을 지키는 믿음직한 건설사라는 소문이 퍼지기 시작한 것이다. 정부 또한 현대건설이 보여준 신뢰에 화답을 보냈다. 이로써 현대건설은 이후로도 정부가 주도한 여러 건설 사업을 수주할 수 있었고, 이는 현대건설이 대기업으로 성장하는 밑바탕이 되었다.

만약 눈앞의 손해가 두려워 약속을 지키지 않고 공사를 그만두었다면, 현대건설이 지금처럼 성장하기란 불가능했을 것이다. 지금의 현대건설을 만들어낸 것은 그야말로 정 회장이 보여준 굳은 신뢰와 뚝심 덕분이었다고 해도 과언이 아니다.

이 일화로부터 수십 년이 지난 지금도, 신용은 변함없이 중요한 가치다. 《한국의 100억 부자들》을 쓴 노진섭 기자에 따르면 여전히 부자들은 신용을 그 무엇보다 중시하며 살아간다.

> "신생신사信生信死. 말 그대로 대부분의 부자는 신용에 살고 신용에 죽는다. 부자가 신용이 없다는 것은 향후 자산 관리가 어렵다는 의미다. 부를 축적하거나, 부를 지키거나, 부를 활용하는 일 모두 신용을 바탕으로 한다. 신용을 밑천으로 인맥을 쌓고, 그를 통해 얻은 정보로 돈을 굴리는 사람이 진짜 부자다."

부자가 되려면 우선 자신의 말에 신용을 지켜야 한다. 허언을 일삼고, 했던 말을 번복하는 사람과는 그 누구도 선뜻 거래를 하려 들지 않는다. 반면 무슨 일이 있어도 자신이 뱉은 말을 굳게 지키는 사람에게는 자연스레 돈이 모여든다. 말에 차곡차곡 신용이 쌓일수록, 그와 비례해 부의 축적 가능성도 크게 높아진다는 얘기다. 그러니 부자가 되고 싶다면 신용의 중요성을 잊지 않도록 하자. 신용은 눈앞의 천금보다 중하다.

6장

말을 바꾸면 미래가 밝아진다

"말이 쌓이면 행동을 이루고,

행동이 쌓이면 습관을 이루고,

습관이 쌓이면 성품을 이루고,

성품이 쌓이면 운명을 이룬다."

— 노자

01

나의 미래를 '운'에 맡기지 마라

다이어트를 위해 피트니스 센터에 등록한 두 여성 A와 B가 있었다. 이들은 모두 연간 회원권을 끊고, 매일매일 운동하는 습관을 들이고자 했다. 그런데 두 사람에겐 한 가지 다른 점이 있었다. A는 매일 운동을 하겠다는 결심을 마음속으로 다진 한편, B는 가족과 친구에게 큰 목소리로 "매일 피트니스 센터에 가겠어!"라고 선포한 것이다. 과연 둘 중 어느 쪽이 다이어트에 성공할 수 있었을까?

정답은 바로 B다. 그 이유는 바로 자신의 목표를 다른 사람들에게 선포했기 때문이다. 목표를 주위 사람들에게 공공연히 말하면, 이는 일종의 약속처럼 작용한다. 나름대로의 책임감이 생기는 것이다. 자신과의 약속에는 이런저런 핑계를 대며 슬쩍 빠져나가기 쉬운 반면, 다른 사람과의 약속에까지 그러기는 쉽지 않다. 바로 그러한 이유로, 목표를 주변에 선포하는 일은 계획을 더 잘 이루어지게 만든다.

나 역시 목표를 선포하는 일의 위력을 제대로 실감한 적이 있다. 처음으로 책을 집필할 때였다. 당시 내 일정표는 전국 방방곡곡에서 열리는 강연, MC, 프레젠테이션 등의 일정으로 꽉 차 있었다. 몸이 열 개라도 부족할 정도로 바빴던지라, 집에 도착하고 나면 매번 축 처진 파김치가 되어 늘어지곤 했다. 하지만 나는 책 표지에 내 이름이 찍혀 있는 모습을 꼭 보고 싶었다. 물론 피곤한 몸을 이끌고 원고를 쓰는 일은 여간 어려운 일이 아니었다. 이대로라면 책을 영영 완성하지 못할 것 같았다. 그래서 나는 주위 사람들에게 이렇게 말하고 다녔다.

"내년에 내 이름을 건 책이 나올 겁니다."

이렇게 말하자 마음속에 묵직한 중심이 잡히는 듯했다. 내 목표가 지인들과의 약속이 된 것이다. 뱉은 말은 지켜야 한다는 책임감이 생기자 몸이 스스로 침대를 벗어나기 시작했다. 그러자 내 책이 출간된다는 미래가 더욱 생생하게 피부로 느껴지는 듯했다.

그 후로 나는 일이 끝나고 집으로 돌아오면 바로 책상

앞에 앉아 새벽까지 글을 썼다. 쉬는 날에도 하루 종일 의자에 붙어 있었다. 처음엔 겨우 몇 줄 이어나가기도 어려워했던 나였지만, 매일매일 글을 써 나갈수록 글쓰기라는 습관이 몸에 달라붙는 것을 느낄 수 있었다. 이윽고 글쓰기가 점점 익숙해지자 일주일마다 일정한 분량의 원고를 꾸준히 써내기 시작했다. 그 결과 다음 해 초여름, 나는 정말로 내 첫 책이었던 《1등의 대화습관》을 출간할 수 있었다. 이때 들인 글쓰기 습관은 아직도 다양한 책을 쓰고 출간하는 원동력이 되고 있다.

이처럼 목표 선포는 자신에게 강력한 동기를 부여하는 힘을 가졌다. 이를 두고 《긍정의 힘》의 저자 조엘 오스틴은 말한다.

> "우리의 말은 꿈을 이루는 데 매우 중요한 역할을 한다. 꿈을 꾸는 것이나 믿음의 눈으로 꿈을 바라보는 것만으로 부족하다. 우리 인생을 향해 믿음의 말을 선포해야 하는 것이다. 말에는 엄청난 창조의 힘이 있다. 우리가 뭔가를 입으로 말하는 순간에 말의 내용이 생명을 얻는다. 이것은 영적 원리다."

표준국어대사전에 따르면 습관이란 '어떤 행위를 오랫동

안 되풀이하는 과정에서 저절로 익혀진 행동 방식'을 뜻한다. 말뜻에서도 알 수 있듯 습관이란 관성과 같아서, 한번 굳어지면 그로부터 벗어나기도 어렵고 새로 익히기도 어렵다. 만약 당신이 그런 어려운 일에 도전하려는 사람이라면 주위 사람들에게 자신의 목표를 당당히 선포해보자. 그로 인한 책임감을 잘 이용한다면, 부정적인 습관을 타파하고 긍정적인 습관을 들이는 데 탁월한 효과를 볼 수 있을 것이다.

이 장에서는 이처럼 말의 힘을 빌려 포기하지 않고 노력을 오래 지속할 수 있는 방법에 대해 이야기하려 한다. 낙관적인 말투, 미래 지향적 말투, 자기 칭찬과 자기 대화 등이 그 예이다. 이를 잘 따라오기만 한다면 당신 역시 자신을 스스로 이끌어나갈 수 있는 멋진 노력가로 다시 태어날 수 있을 것이다.

02

1%의 변화가 모이면 태산을 옮긴다

"오늘도 내일도 매일 1%만 투자하자. 하루 1%만 잡아주면 나머지 99%는 저절로 달라진다. 1년이 되기 전에 이전과 전혀 다른 자신을 만난다. 작게 시작하자. 크게 달라진다. 모든 위대한 성취에는 반드시 작은 시작점이 있다."

이 글은 이민규 아주대학교 심리학과 명예교수의 책 《하루 1%》에 나오는 이야기이다. 1%는 우스워 보일 정도로 아주 작은 수치다. 그러나 그것이 미치는 영향은 결코 과소평가할 수 없다. 예를 들어, 사람과 침팬지의 유전 정보는 약 98.7% 동일하다고 한다. 겨우 1.3%의 차이가 사람과 침팬지 사이의 커다란 차이를 만드는 것이다.

이처럼 '1%만이라도 변하자'라는 다짐이 쌓이고 쌓이면 큰 변화를 불러 온다. 티끌 모아 태산이라는 말처럼, 매일 실천하는 사소한 습관이 축적되면 시간이 흐른 후 엄청난 변화를 몰고 오게 될 것이다.

한번은 어느 직장인이 운동하는 습관을 들이기가 어렵다며 고민을 털어놓은 적이 있었다. 그녀는 매번 새로운 운동에 도전하곤 했다. 피트니스, 요가, 필라테스…. 안 해본 운동을 찾기 어려울 정도였다. 하지만 그럴 때마다 한두 달이 채 지나기도 전에 그만두기 일쑤였다.

물론 그녀에게도 나름의 고충이 있었다. 그녀는 업무 특성상 야근이 잦았고, 회식이나 친목 모임 등 저녁 약속도 많았다. 그녀도 처음엔 자신의 의지만 있다면 없는 시간을 쪼개서 운동을 할 수 있을 거라고 생각했다. 하지만 계속 야근을 하지 않으려니 회사에 눈치가 보였고, 모임이나 회식에 불참할 때마다 사람들과 멀어지는 것이 오히려 더 큰 스트레스로 다가왔다.

요컨대 그녀는 자신의 사정에 맞지 않게 너무 큰 목표를 세웠던 것이다. 사람마다 처한 상황과 타고난 성격이 다른 법이니 그에 맞는 운동 습관이 있을 터인데, 그녀는 자신의 사정을 고려하지 않았다. 거기까지 생각이 미친 뒤, 나는 그녀에게 거창하게 생각할 것 없이 작은 습관부터 출발해 보라고 조언했다. 집이나 회사에서 꾸준히 할 수 있는 간단한 스트레칭부터 시작해보라는 충고였다.

"의자에 앉아서, 혹은 침대 위에 누워서 할 수 있는 스트레칭부터 시작해보세요. 잠깐잠깐 짬을 내서 할 수 있는 운동도 찾아보면 많아요. 아령 들기, 계단 오르기처럼 말이에요. 단, 매일 해야 합니다. 포기하지 않는 게 가장 중요해요. 이것만 지킨다면 당신도 운동 습관을 자연스럽게 몸에 익힐 수 있을 거예요."

내가 아는 어느 기업 컨설턴트 B씨는 이러한 1%의 변화를 꾸준히 축적하며 큰 변화를 이룩한 당사자다. 그녀는 무려 10kg을 넘게 감량하며 다이어트에 성공했는데, 그 비결이란 바로 작은 습관부터 바꾸는 것이었다. B씨는 바쁜 스케줄 탓에 운동할 시간도 부족했고, 매일 저녁 늦게까지 주전부리를 입에 달고 살다 보니 살을 빼려야 뺄 수가 없었다. 이런 그녀가 만약 단기간에 10kg 감량을 시도했다면 아마 실패했을 것이다. 그러나 그녀는 대신 이렇게 다짐했다.

"첫술에 배부를 수는 없어. 조금씩 바꾸자."

사소하지만 꾸준히 실천할 수 있는 대책을 찾던 그녀가 선택한 방법은 간식을 줄이는 것이었다. 그녀는 평소 즐겨 먹던 과자, 빵, 떡, 음료수 등 고소하고 달콤한 간식들을 차근차근 조금씩 줄여나갔다. 그 대신 끼니마다 달걀, 샐러드, 생선, 견과류 등 건강한 음식으로 든든하게 배를 채웠다. 이를 몇 달간 지속하자 B씨의 몸은 변화에 적응한 듯 간식을 별로 원하지 않게 되었고, 군살도 쭉쭉 빠지기 시작했다. 이에 자극을 받은 그녀는 일하는 짬짬이 여러 가지 맨몸 운동을 하기 시작했다. 그렇게 다섯 달이 지난 뒤, 그녀는 십 년 전에 샀던 원피스를 다시 입을 수 있었다.

다시 말하지만 처음부터 너무 거창한 목표를 세우면 작심삼일이 되어버릴 가능성이 크다. 반면 작은 목표부터 꾸준히 달성해 나가면 자신감이 고취되어 꾸준히 의욕을 유지하고 큰 목표로 발전해 나갈 수 있다. 《습관의 시작》의 저자 미우라 쇼마 역시 작은 행동을 꾸준히 지속하면 커다란 변화를 만들어낼 수 있다고 전한다. 좋은 습관을 만드는 데에는 특별한 의지력과 많은 시간이 필요하지 않다는 것이다.

"날마다 실행하는 습관화 활동이 지나치게 부담이 되면 오래 지속할 수 없다. 무리하다가 작심삼일로 끝내기보다는 큰 노력을 요하지 않는 간단한 일이라도 날마다 꾸준히 실천하는 편이 낫다. 처음에는 성과가 나타나기를 기대하지 말고 습관 정착에 중점을 두어야만 습관화에 성공할 수 있다."

세계에서 제일 높다는 에베레스트산 등정도 결국은 한 걸음부터 시작한다. 처음부터 정상만 바라보고 산을 오르는 사람은 쉽게 지치는 법이다. 이와 달리 한 발 한 발을 착실하고 견고하게 내딛는 사람은 이윽고 정상에 다다를 수 있다. 그러니 새로운 목표를 향해 나아가고자 하는 독자 여러분께 거듭 강조한다. 장기적으로는 큰 목표를 세우되, 우선은 1%만 바꿔 보도록 하자. '얼마나 빨리 바꾸느냐'는 별로 중요한 게 아니다. 정말로 중요한 것은 바로 '얼마나 오래 유지하느냐'이다.

03

이미 꿈을 이룬 것처럼 말하라

"그때 그러지 말걸."

"그 일 때문에 모든 게 엉망이야."

이렇게 자주 후회와 푸념을 늘어놓는 사람들은 과거에 집착하는 성향이 강하다. 이런 사람들은 기억 속에만 존재하는 아쉬운 과거에 얽매여, 현실에 충실하지 못하고 미래를 바라보지 못한다.

과거에 집착하는 이들의 이러한 모습은 마치 '각주구검刻舟求劍'이라는 고사성어에 얽힌 옛날이야기를 떠오르게 한다. 먼 옛날, 어느 청년이 배를 타고 강을 건너고 있었다. 청년은 배에 탄 승객들에게 자신의 귀중한 보검을 자랑하던 도중 그만 검을 강에 빠뜨리고 말았다. 그러자 청년은 떨어뜨린 배의 난간을 긁어 표시를 내기 시작했다. 그 모습을 지켜보던 사람들은 청년에게 지금 무엇을 하느냐고 물었다. 그러자 청년이 대답했다.

"칼을 떨어뜨린 자리를 표시해두었지요. 나중에 와서 찾으려고요."

그 이야기를 들은 사람들은 헛웃음을 금치 못했다. 배가 움직이는 건 생각도 않고 난간에다 표시를 하다니! 이 이야기는 상황이 변함을 생각하지 않고 옛일에 집착하는 어리석음을 경계하라는 교훈을 준다. 이처럼 과거에 집착하는 사람들에 대해, 심리학자 베르너 빙클러는 그들이 다음과 같은 특징을 가지고 있다고 말한다.

1. 아주 오래전의 일을 세세히 기억한다.
2. 옛 시절을 그리워하거나 옛일이 반복될까 두려워한다.
3. 결과가 좋든 나쁘든 미련을 버리지 못한다.
4. 과거에 쓰던 물건을 버리지 않고 보관한다.
5. 미래에 대한 구체적인 계획을 세우고 실행하는 것에 어려움을 느낀다.

이런 특징을 가진 사람들은 과거에 매달린 나머지 현재

를 온전히 만끽하지 못한다. 또한 이들은 새로운 일을 시작하는 것을 두려워하며, 미래를 막연하게만 생각한 채 구체적으로 계획해 나가지 못한다. 과거에 저지른 실수와 실패에 대한 기억에 사로잡혀 스트레스를 받기 때문이다.

그렇다면 이러한 과거 지향적 성향에서 탈피해 미래 지향적 성향으로 재탄생하기 위해선 어떻게 해야 할까? 먼저 후회스럽고 불만스러운 과거에 단호하게 작별을 고하려는 결단이 필요하다. 시간은 고여 있는 샘물이 아니라 매 순간 흐르는 강물과 같다. 변화하는 시간 속에서 주체적인 삶을 살아가고자 한다면, 일단 흘러간 시간에는 크게 마음을 쓰지 않는 게 좋다. 아무리 신경이 쓰이고 마음이 걸린다 해도 말이다. 왜냐하면 당신이 번민하는 지금 이 순간에도 찬란하고도 새로운 시간이 끊임없이 흘러오고 있기 때문이다. 과거를 제대로 떠나보낼 수 있을 때 우리는 비로소 새로운 시간을 만끽하며 살아갈 수 있다.

이를 성공적으로 완수하기 위해서는 미래 지향적인 말투를 습관화해야 한다. 과거를 아쉬워하고 그리워하는 말투를 과감히 버리고 미래를 꿈꾸는 말투로 무장하는 것이다. 거창해 보이지만 어려울 것 없다. 비결은 바로 과거 시제가 아니라 현재 시제, 나아가 미래 시제로 말하는 것이다.

"여름까지 다이어트에 성공해서 날씬한 몸매를 가질 거야."

"나는 사람들로부터 존경받는 리더가 될 거야."

겨우 시제 하나만 바꾸어도, 그것을 말하는 사람의 의식은 미래를 향해 정렬된다. 의식이 미래를 향하면 생각과 행동까지도 이에 맞추어 변화하기 시작한다. 말이 생각과 의식을 규정하기 때문이다. 이를 통해 우리는 현재의 삶을 건설적으로 변화시킬 수 있다. 더 나은 미래와 삶을 위한 초석을 쌓아나가는 것이다. 그러니 흘러간 과거보다는 다가올 미래를 바라보며 말하도록 하자. 당신에겐 그것을 쟁취해 나갈 책임이 있다.

04

인생의 가장 큰 적은 무기력이다

강아지 24마리에 둘러싸여 있으면 얼마나 행복할까? 하지만 심리학자들은 그렇지 않은가 보다. 심리학자 마틴 셀리그먼은 24마리의 개를 대상으로 한 가지 실험을 진행했다. 연구진은 개들을 세 그룹으로 나누어, 이들을 특수하게 고안된 실험 부스에 각각 한 마리씩 들어가게 했다. 그런데 사실 이 부스의 바닥에는 전기 충격 장치가 깔려 있었다. 연구진들이 버튼을 누르면 안에 들어간 개들은 고통스러운 전기 충격을 받게 될 것이었다.

심리학자들은 첫 번째 그룹의 개들에게는 아무런 전기 충격도 가하지 않았다. 반면 두 번째 그룹의 개들에게는 전기 충격을 가했는데, 연구진은 이와 동시에 개들에게 전기 충격을 멈출 수 있는 제어 장치 작동법을 훈련시켰다. 두 번째 그룹의 개들은 그 사용법을 금방 익혀 스스로 전기 충격을 멈출 수 있었다. 연구진들은 마지막 세 번째 그룹의 개들에게도 전기 충격을 가했다. 그러나 이들에게는 전기 충격을 멈출 수 있는 아무런 대책도 주어지지 않았다. 세 번째 그룹의 개들은 그저 고통을 견디는 수밖에 없었다.

이후, 연구진은 24마리의 개들을 새로운 실험 부스에 투입시켰다. 이 부스 바닥에도 전기 충격 장치가 깔려 있었지만, 부스 중앙에 있는 낮은 칸막이를 뛰어넘으면 다른 칸으로 넘어가 전기 충격을 피할 수 있었다. 연구진은 모든 개에게 전기 충격을 가하며 이들의 행동을 지켜보았다. 과연 결과는 어땠을까?

첫 번째 그룹과 두 번째 그룹의 개들, 다시 말해 전기 충격을 받지 않았거나 멈출 수 있었던 개들은 본능적으로 칸막이를 뛰어넘어 다른 칸으로 몸을 옮겼다. 그러나 전기 충격을 피할 수 없었던 세 번째 그룹의 개들은 충격적인 반응을 보였다. 그들은 전기 충격의 고통을 그대로 받으며 피하려는 시도조차 하지 않았던 것이다.

마틴 셀리그먼과 동료들은 이러한 세 번째 그룹의 반응에 '학습된 무기력'이라는 이름을 붙였다. 고통을 피할 수 없는 상황에서 개들은 무기력을 학습했고, 이 때문에 환경이 바뀌어도 그것을 벗어나려는 시도조차 하지 않았다는 것이다.

이는 사람도 마찬가지다. 예를 들어 금연을 결심한 사람이 있다고 하자. 만약 그가 여러 차례 금연을 시도하다가 번번이 실패하게 된다면, 그는 머잖아 이렇게 생각하게 된다.

'또 실패군. 난 글렀구나. 더 해봤자 뻔하지.'

이렇게 되면 금연 계획은 매년 한 번씩 거치는 연례행사로 전락하고, 이내 금연을 하려는 마음조차 사라지게 된다. 여러 번 실패를 거듭하며 학습된 무기력에 빠져 버린 것이다. 이처럼 많은 사람들이 새로운 습관을 통해 삶을 변화시키고자 하면서도 매번 제자리로 돌아가는 원인이 바로 학습된 무기력이다.

하지만 포기하긴 이르다. 마틴 셀리그먼은 이후 이어진 실험에서 무기력을 학습하지 않는 사람들의 존재를 확인한 바 있다. 그 비결은 무엇일까? 이들은 어떻게 해서 무기력을 이겨내고 새로운 습관을 삶에 안착시킬 수 있었던 걸까?

셀리그먼에 따르면 무기력 극복의 열쇠는 문제 상황을 인식하고 자기 자신에게 설명하는 방식에 있다. 문제 상황을 부정적으로 설명하는 사람은 무기력을 이겨내지 못하는 반면, 낙관적으로 설명하는 사람은 무기력을 이겨내고 새로운 생활 습관을 만들어낸다는 것이다. 그는 이렇게 설명한다.

"설명 양식은 학습된 무기력을 크게 좌우하는 역할을 한다. 우리가 이미 살펴보았듯이 낙관적인 사람들은 무기력에 저항한다. 이들은 실패해도 쉽게 위축되지 않고 쉽게 포기하지 않는다. 낙관적인 사람들은 일생을 살면서 학습된 무기력에 빠지는 경우가 비관적인 사람들보다 적다."

다시 금연 계획 이야기로 돌아가보자. 그는 금연을 목표로 했지만 매번 실패를 맛보았다. 이때 학습된 무기력에 갇힌 사람은 그 실패를 결코 이겨낼 수 없는 운명처럼 말한다.

"난 안돼. 또 실패야. 금연은 글러 먹었어."

이런 식으로 말해서는 절대 나쁜 습관의 덫에서 벗어날 수 없다. 이에 반해 무기력에 저항하는 사람은 이렇게 말한다.

"이번엔 주위의 유혹이 심했어. 그래서 아쉽게 실패했지. 다음에는 성공할 수 있어."

이렇게 문제 상황을 낙관적으로 받아들인다면 나쁜 습관을 교정하고 좋은 습관을 만들어 낼 수 있다.

누구나 좋은 습관을 통해 더욱 긍정적인 삶을 살고 싶어 한다. 무기력에 젖어 삶을 허비하고 싶어하는 사람은 아무도 없다. 만약 당신이 무력감을 느끼고 있다면, 그건 단지 잠깐 안 좋은 상황에 빠졌을 뿐이다. 이럴 때 필요한 건 바로 낙관적인 말투다. 설령 여러 차례 실패를 겪더라도, 자포자기하지 말고 긍정적인 말투로 무장하자. 그렇다면 언제든 다시 도전할 힘을 얻을 수 있을 것이다.

05

나는 마지막까지 내 편이어야 한다

"자신에게 많은 칭찬을 해줌으로써 좋은 컨디션을 유지한 것이 우승으로 이어졌다고 생각합니다."

2017년 미국여자프로골프LPGA 투어에서 2승을 거두며 세계 여자골프 랭킹 1위에 오른 유소연 선수의 말이다. '자기 칭찬'이 유소연 선수가 거둔 우승의 원동력인 것이다. 흔히 칭찬이라고 하면 타인에게 해주는 것, 혹은 타인에게서 받는 것이라고 생각하기 쉽다. 그래서 정작 자기 자신에게 칭찬을 해주는 사람은 많지 않다. 하지만 자신을 향한 칭찬의 힘은 강력하다. 이 역시 다른 사람에게 칭찬받았을 때처럼 흥이 나고 의욕이 증진되는 효과를 볼 수 있다.

이시형 박사는 칭찬이 세로토닌의 분비를 촉진한다고

말한다. 특히 거울에 비친 자신의 눈을 바라보며 칭찬하면 그 효과는 더욱 높아진다. 그는 이렇게 덧붙인다.

> '난 안돼!'라는 생각이 들거든 거울 앞으로 가라. 그리고 소리를 내어 자기 칭찬을 해보자.
>
> "넌 천재야, 넌 눈이 잘생겼어, 넌 웃음이 예뻐, 네 머리카락은 부드러워, 넌 진실해."
>
> 겸손은 금물, 자만이라도 좋다. 처음엔 어색하지만 차츰 익숙해진다. 그러다 보면 진짜 그런 것처럼 느껴지면서 만족스럽고 행복해진다.
>
> "난 안돼!"
>
> 이 말이 한계를 정한다. 정신과 의사로서의 오랜 경험이다.

이렇듯 자기 칭찬은 자기계발과 행복에 큰 효과를 발휘한다. 내 안에 나도 모르게 잠들어 있던, 잠재력이라는 커다란 고래를 춤추게 하는 것이다. 설령 나르시시스트라고 오해를 받더라도 상관없다. 나 자신에게 아낌없이 칭찬하는 자세가 필요하다.

좋은 엄마들은 아이가 자라면서 무엇이든 새로운 행동을 할 때마다 칭찬을 아끼지 않는다. 아이는 웃어도, 울어도, 몸을 뒤집거나 심지어는 똥을 싸도 "아이, 예뻐라!", "우리 아기 잘하네!"와 같은 칭찬을 받는다. 그러면 아이는 꺄르르 웃으며 더 열심히 몸을 움직인다.

이렇듯 과거의 나를 버리고 새로운 나로 변화하기 위해서는 자신에게 자주 칭찬을 해주는 게 좋다. 살아가며 이런저런 시도를 하다 보면 생각대로 되지 않는 순간도 찾아온다. 피치 못할 사정으로 나와의 약속을 어기기도 한다. 이때 실패에 초점을 맞추어 자기 자신을 비하해서는 곤란하다. 그 대신 새롭게 시도하고 실천하려 노력하는 자기 자신에게 칭찬을 아끼지 말아야 한다. 설령 몇 차례 실패를 겪더라도 말이다. 이렇게 자신을 칭찬하자.

"난 점점 나아지고 있어. 이 정도만 해도 장해."

이렇게 자기 칭찬을 많이 할수록 기분도 좋아지고 사기도 높아진다. 에버랜드는 이러한 자기 칭찬을 적극 활용한 기업 중 하나다. 2016년 에버랜드는 직원이 자신의 행동을 칭찬할 수 있는 '셀프 칭찬 카드 제도'를 도입했다. 그 결과 에버랜드 직원들은 자신감을 갖고 맡은 바를 다할 수 있었고, 고객들의 만족도도 이에 따라 높아졌다. 자기 칭찬이 심리적 안정감을 주고, 적극적으로 일할 수 있는 에너지를 주었기 때문이다.

칭찬은 마라토너가 달리는 중간에 마시는 음료수와 같

다. 음료수 덕분에 마라토너는 길고 긴 아스팔트 위에서 육체의 고통과 포기하고 싶은 유혹을 이겨내고 앞으로 달려갈 수 있다. 새로운 삶을 위한 시도를 실천하는 중이라면 지금부터 자기 자신에게 칭찬을 자주 해주도록 하자. 단, 과하지도 부족하지도 않게 선을 지키며 칭찬하는 연습이 필요하다. 《똑똑한 대화법》의 저자 구트룬 페이는 이렇게 말했다.

"자신감을 키우고 싶은가? 그렇다면 자주 자기 어깨를 두드리며 칭찬을 해주자. 자기 칭찬은 마음의 건강을 살찌우는 보약이다. 단, 자기 칭찬을 제대로 하려면 연습 또한 필요하다. 자신감을 키우는 방법은 잘못된 겸양도 자만심도 아닌 중용에서 나오기 때문이다."

이처럼 자기 자신을 과소평가하지도, 과대평가하지도 않는 적절한 중용이 자기 칭찬의 핵심이다. 이 선을 잘 지키며 자신을 보듬고 북돋아 주기로 하자. 그러다 보면 언젠가 유소연 선수처럼 이렇게 말할 날이 올 것이다.

"자신을 칭찬하면서 기운을 내어 꾸준하게 실천한 것이 제 성취의 비결입니다."

06

당신은 이미 답을 알고 있다

"슬럼프는 잘하는 사람한테만 온다."

이 말의 주인은 배구 여제 김연경이다. 이 사실을 깨닫기 전까지 그녀가 얼마나 깊은 슬럼프의 수렁을 지나왔는지 느껴지는가? '100년에 한 번 나올까 말까 한 선수'라는 최고의 찬사를 받는 김연경 선수지만, 그런 그녀조차도 혹독한 슬럼프의 역습은 피해갈 수 없었다.

매번 몸을 사리지 않고 하늘 높이 점프하는 열의 탓에 그녀는 무릎 수술만 세 번을 받아야 했다. 순간적으로 몸을 강하게 늘렸다 당기는 동작 때문에 근육이 파열되는 일도 부지기수였다. 잦은 부상이 쌓이고 쌓이자 슬럼프로 이어졌다. 특히나 오랜 해외 생활은 그녀를 정신적 궁지로 몰고 갔다. 자신이 무엇을 위해 먼 이국땅까지 와 있는지 답을 찾기가 어려웠다.

그런 김연경 선수가 슬럼프에서 탈출할 수 있었던 방법은 자신의 마음속 이야기에 귀를 기울이는 것이었다. 그녀는 타인의 평가에 일희일비하기를 그만두고, 자기 마음속에 있었으나 미처 눈치채지 못했던 솔직하고 내밀한 이야기를 귀담아듣기 시작했다. 김연경 선수는 이때의 소회를 자신의 개인 방송에서 털어놓은 적 있다. 넘어지지 않기 위해서는 자신이 자신의 이야기를 들을 수 있어야 한다고 말이다.

이렇듯 천재적인 스포츠 스타에게도 제 기량이 나오지 않아 의욕을 잃게 되는 순간이 온다. 매일 반복되는 훈련에 지쳐서, 과거의 실패가 떠올라서, 목표에 대한 욕심이 지나쳐서, 컨디션이 좋지 않아서 등 여러 가지 이유로 슬럼프가 찾아오는 것은 내로라하는 프로 선수들에게도 별반 다르지 않다.

이러한 사례는 일상에서도 쉽게 찾아볼 수 있다. 매일 운동을 하던 사람도 종종 몸의 상태나 컨디션에 따라 쉬고 싶은 생각이 들 때가 있다. 그뿐인가? 매주 책을 읽자고 다짐하고 책을 폈으나 내 수준과는 맞지 않는 너무 어려운 책

이어서 글씨가 눈에 들어오지 않을 때도 있다. 다이어트를 하면서 먹고 싶은 것을 먹지 못하고 정해진 식단만 먹어야 하는 것에 스트레스를 받을 수도 있다.

이때 필요한 게 김연경처럼 자기 자신과 대화를 나누는 것이다. 주변 사람의 조언도 아무런 도움이 되지 않을 때는, 조용히 스스로와 대화를 하는 것이 더 낫다. 심리학자 한스 모르쉬츠키는 자기 대화가 좋은 성과를 내는 이유를 다음과 같이 말한다.

"사람은 끊임없이 자신과 대화를 나누며 무엇을 할지 또 무엇을 해야 할지 지시를 내린다. 자기 대화는 스트레스를 줄여주며, 생각과 감정을 가려내는 데 도움이 된다. 또 좋은 컨디션을 유지하고 최적의 방법으로 집중하고 기억하게 만든다."

외국계 자동차 세일즈맨 B씨의 사례를 살펴보자. 강남의 한 지점에서 근무하며 여러 차례 판매왕의 타이틀을 따내기도 했던 그 역시 어느 날 갑자기 찾아온 슬럼프를 피할 수는 없었다. 실적은 나날이 감소했고, 의욕은 갈수록 떨어졌다.

그와 상담을 진행하며 대화를 나누어 보니 그의 영업 대화 방식에는 아무런 문제가 없었다. 자신에 대한 믿음이 부족한 것이 그의 진짜 문제였다. 이것은 누가 개입해서 해결해줄 수 있는 문제가 아니었다. 그래서 나는 그에게 너무 바쁘게 살지 말고 혼자만의 시간을 가지라고 조언했다.

"결국 해답은 자신에게 있습니다. 떨어진 실적을 채우려고 자꾸 외부로 뛰어다니지 마세요. 그럴수록 지치기만 하고 슬럼프에서 빠져나오기는 어렵습니다. 스케줄을 줄이고 자신과 대화하는 시간을 가져보세요. 이 과정에서 스스로를 믿고 슬럼프를 극복해내는 자신을 발견할 거예요."

이 조언이 효과가 있었는지, 다행히도 그는 몇 개월 후 예전의 자신감 넘치는 모습으로 돌아갔다. 그리고 또다시 판매왕에 올랐다. 멋지지 않은가? 자신이 믿을 만한 사람이라는 사실을 스스로 깨닫는 것. 슬럼프 극복의 열쇠는 바로 이것이다.

07

열정에 기름을 붓는 방법

최근 '카공족'들에 대한 소식을 뉴스 기사 곳곳에서 찾아볼 수 있다. 카공족이란 카페에 노트북 또는 책 등을 가져와 공부하는 사람들을 일컫는 신조어다. 이들은 딱딱하게 경직된 분위기의 도서관이나 쉽게 집중이 흐트러지곤 하는 자택보다, 비교적 자유로운 분위기 속에서 공부할 수 있는 카페를 선호한다. 가게의 회전율을 떨어뜨려 매출에 악영향을 준다는 볼멘소리도 쏟아지지만, 공부하기 위해 카페를 찾는 사람들은 좀처럼 줄어들지 않을 것처럼 보인다.

이들이 카페를 찾는 데에는 여러 가지 사정이 있겠지만, 역시 가장 큰 이유는 '카페에서 공부가 잘된다'라는 이유일 것이다. 그렇다면 카페에서 공부가 잘되는 이유는 과연 무엇일까? 이 역시 여러 가지 이유가 있을 수 있겠지만, 조직 심리학에서 중요하게 다뤄지는 현상인 '호손 효과'를 통해 이를 설명해 볼 수도 있겠다.

1924년, 당시 미국의 최대 전자기기 회사였던 웨스턴일렉트릭 주식회사는 하버드대학교의 심리학자 엘튼 메이요 교수에게 자문을 구했다.

"우리는 최근 공장에 달린 조명을 더욱 밝은 것으로 교체했습니다. 밝은 곳에서 일하면 직원들의 능률이 높아질 거라고 생각했기 때문이죠. 그런데 생산성은 잠깐 올랐다가 원래대로 돌아가버렸습니다. 어떻게 해야 높은 생산성을 유지할 수 있을까요?"

이에 메이요 교수는 공장의 밝기가 노동자에게 미치는 영향을 알아보기 위해 웨스턴일렉트릭 산하의 전구 생산 공장인 호손 공장에서 실험을 진행했다. 공장의 밝기를 다양하게 조절하며 노동자들의 생산성을 측정하던 메이요 교수는 이내 이상한 결과와 마주하게 된다. 작업장을 밝게 유지한 곳이나 어둡게 유지한 곳이나 동일하게 생산성이 올라간 것이었다. 그뿐만 아니라 모든 작업장을 어둡게 바꾸어도 높은 생산성이 유지되기는 마찬가지였다.

선뜻 이해가 되지 않는 결과에 메이요 교수는 의아함을

감출 수 없었다. 이유를 찾기 위해 연구를 거듭하던 그는 결국 한 노동자와의 인터뷰에서 그 이유를 밝혀낼 수 있었다.

"우리도 유명 대학 교수가 공장에서 실험을 하고 있다는 얘기를 들었어요. 내가 일하는 모습을 저명한 교수가 지켜보고 있다고 생각하니 괜시리 기분이 좋아졌죠. 그래서 좋은 결과를 내기 위해 공장이 밝든 어둡든 열심히 일했습니다."

그렇다. 노동자들의 생산성을 높인 건 공장 밝기의 차이가 아니라 이들을 연구하러 온 연구진들의 존재 그 자체였던 것이다. 메이요 교수는 이와 같은 현상에 연구가 진행된 공장의 이름을 따서 '호손 효과'라고 이름 붙였다.

이처럼 호손 효과는 누군가가 자신을 지켜보고 있다고 느끼면 행동을 긍정적, 생산적으로 조정하고 순화하는 현상을 의미한다. 이로 인해 우리는 심리적 조건이 물리적 조건만큼이나, 어쩌면 그 이상으로 역량 향상에 효과적이라는 사실을 알 수 있다.

뛰어난 성취를 이루는 사람들 중에는 호손 효과를 활용하는 사람들이 많다. 누군가 관심을 가져주길 수동적으로 기다리는 대신 적극적으로 타인의 관심을 유도하고 요청하는 것이다.

이를 가능케 만드는 표현이 바로 "지켜봐 주세요"다. 지켜봐 달라는 말을 하고 나면 우리 뇌는 실제로 누가 지켜보는 것 같다는 착각을 하게 된다. 자신의 일거수일투족에 다른 사람들이 관심과 기대를 가지고 있는 것처럼 느껴지게 되면, 자연스레 열심히 하고자 하는 의욕이 샘솟고 결과도 한층 좋아질 것이다.

호손 효과는 공장이나 회사 등 업무 공간에서뿐만 아니라 가정, 학교, 대인관계 등 다양한 일상 분야에도 적용될 수 있다. 누군가의 따뜻한 시선이 나의 역량을 키워줄 열쇠라면, 그것을 적극적으로 요청하는 것 또한 역량 향상을 위한 지름길이 되어줄 것이다.

참고문헌

《1만 년이 지나도 변하지 않는 부의 진실》, 팀 샌더스, 권혜아 옮김, 비전코리아, 2015.

《2달러를 빌린 백만장자》, 마크 피셔, 지소철 옮김, 밀리언하우스, 2008.

《E형 인간 성격의 재발견》, 변광호, 불광출판사, 2017.

《감사의 힘》, 데보라 노빌, 김용남, 위즈덤하우스, 2008.

《강심장 트레이닝》, 김병준, 중앙북스, 2014.

《건강을 끌어당기는 절대법칙》, 월러스 D. 와틀즈, 백가혜 옮김, 북허브, 2010.

《긍정의 발견》, 바버라 프레드릭슨, 최소영 옮김, 21세기북스, 2009.

《긍정의 힘》, 조엘 오스틴, 정성묵 옮김, 두란노, 2005.

《긍정적인 말의 힘》, 할 어반, 박정길 옮김, 웅진윙스, 2006.

《긍정적인 사람이 되기 위한 강력한 10가지 말》, 리치 디보스, 황선영 옮김, 아름다운사회, 2016.
《김연아의 7분의 드라마》, 김연아, 중앙출판사(JDM), 2010.
《끌어당김》, 찰스 하넬·어네스트 홈즈·나폴레온 힐 외, 안진환·이현주 엮고 옮김, 더스타일, 2012.
《나를 돌파하는 힘》, 윤석금, 리더스북, 2022.
《낙관성 학습》, 마틴 셀리그만, 우문식·최호영 옮김, 물푸레, 2012.
《날씬해진다고 생각하면 날씬해진다》, 도리스 와일드 헬머링·다이안 헤일, 문채원 옮김, 길벗, 2006.
《내 안의 나를 이기는 법》, 한스 모르쉬츠키, 김영민 옮김, 지훈, 2008.
《네 안에 잠든 거인을 깨워라》, 앤서니 라빈스, 조진형 옮김, 씨앗을뿌리는사람, 2008.
《놓치고 싶지 않은 나의 꿈 나의 인생》, 나폴레온 힐, 권혁철(1)·민승남(2)·이지현(3) 옮김, 국일미디어, 2015.
《당신의 꿈을 이루어주는 미래일기》, 사토 도미오, 안소현 옮김, 청아출판사, 2004.
《대화지능》, 주디스 E. 글레이저, 김현수 옮김, 청림출판, 2014.
《도전하라 한번도 실패하지 않은 것처럼》, 수잔 제퍼스, 노혜숙 옮김, 하지현 감수, 리더스북, 2007.
《똑똑한 대화법》, 구트룬 페이, 김시형 옮김, 21세기북스, 2007.

《마음의 기적》, 디팩 초프라, 도솔 옮김, 황금부엉이, 2014.
《밥상머리의 작은 기적》, SBS스페셜 제작팀, 리더스북, 2010.
《백만장자들의 성공비결》, 올라프 후트, 여진 역 | 투멘 | 2007
《보도 섀퍼의 돈》, 보도 섀퍼, 이병서 옮김, 북플러스, 2011.
《부의 비밀》, 월러스 워틀스, 김우열 옮김, 흐름출판, 2007.
《부자 습관》, 토마스 C. 콜리, 박인섭·이연학 옮김, 봄봄스토리, 2017.
《부자선언》, 팻 메시티, 이미숙 옮김, 예문, 2010.
《블링크》, 말콤 글래드웰, 이무열 옮김, 황상민 감수, 공병호 해제, 21세기북스, 2005.
《사과 솔루션》, 아론 라자르, 윤창현 옮김, 정재승·김호 감수, 지안, 2009.
《사람을 사로잡는 칭찬 핸드북》, 혼마 마사토·유카와 교코, 김문정 역, 나라원, 2009.
《사람을 얻는 지혜》, 발타자르 그라시안, 임정재 옮김, 타커스, 2016.
《사이코그래피》, 베르너 빙클러, 김시형 옮김, 들녘, 2007.
《사장의 질문》, 제프 스마트·랜디 스트리트·앨런 포스터, 이주민 옮김, 부키, 2016.
《삼국지 인생전략 오디세이》, 마인춘·우쇠강 엮음, 마길천 옮김, 아리샘, 2008.
《성공하는 CEO의 습관》, 김성회, 페이퍼로드, 2008.
《성공하는 사람들의 7가지 습관》, 스티븐 코비, 김경섭 옮김, 김영사, 2017.

《성공학 노트》, 나폴레온 힐, 남문희 옮김, 국일미디어, 2003.
《성과 향상을 위한 코칭 리더십》, 존 휘트모어, 김영순 옮김, 김영사, 2007.
《세로토닌하라!》, 이시형, 중앙북스, 2010.
《소원을 이루는 기술》, 바바라 셔, 승영조 옮김, 돋을새김, 2008.
《소통의 심리학》, 클레어 레인스·라라 어윙, 이미정 옮김, 한국경제신문, 2008.
《수중혜》, SERICEO 콘텐츠팀, 삼성경제연구소, 2009.
《습관의 시작》, 미우라 쇼마, 이용택 옮김, 마일스톤, 2017.
《시크릿》, 론다 번, 김우열 옮김, 살림Biz, 2007.
《신념의 마력》, 클라우드 M. 브리스톨, 최봉식 옮김, 지성문화사, 2017.
《심리학의 즐거움》, 크리스 라반·쥬디 윌리암스, 김문성 옮김, 휘닉스, 2005.
《옥시토신의 힘》, 이시형, 이지북, 2016.
《왜 그녀는 저런 물건을 돈 주고 살까》, 브리짓 브레넌
《용서의 기술》, 딕 티비츠, 한미영 옮김, 알마, 2008.
《우리 몸에 맞는 한방 웰빙》, 이상만, 살림출판사, 2004.
《유태인 자기 대화》, 슈물리 보테악, 김선아 옮김, 알에이치코리아(RHK), 2012.
《자기긍정 파워》, 미아 퇴르블롬, 윤영삼 역, 북섬, 2007.
《정신의학의 탄생》, 하지현, 해냄, 2016.
《조병식의 자연 치유》, 조병식, 왕의서재, 2010.

《조선 지식인의 말하기 노트》, 한정주·엄윤숙 쓰고 엮음, 포럼, 2007.
《칭찬일기》, 데즈카 치사코, 다카하시 미키 그림, 이소담 옮김, 길벗, 2013.
《판매의 심리학》, 브라이언 트레이시, 오승훈 옮김, 비즈니스맵, 2008.
《포텐셜》, 데이브 알레드, 이은경 옮김, 비즈니스북스, 2017.
《하루 세 번 YES를 외쳐라》, 사토 도미오, 한선미 옮김, 예문, 2004.
《한국의 100억 부자들》, 노진섭, 비즈니스북스, 2013.
《해피엔딩 노년의 인생학》, 원동연·유동준, 김영사, 2005.
《행복의 조건》, 조지 베일런트, 이덕남 옮김, 이시형 감수, 2010.
《호오포노포노의 비밀》, 조 비테일·이하레아카라 휴 렌, 황소연 옮김, 박인재 감수, 판미동, 2011.

기타

한국보건정보통계학회(www.koshis.or.kr)
〈거친 말, 뇌 망가뜨려 '생각의 감옥'에 가둔다〉, 《중앙일보》, 2016.04.11.
"The Neurochemistry of Positive Conversations", Judith E. Glaser, Richard D. Glaser, 〈Harvard Business Review〉(hbr.org), 2014.06.12.

일단 잘될 거라 말해요

1판 1쇄 인쇄 2023년 07월 31일
1판 1쇄 발행 2023년 08월 07일

지은이 오수향
펴낸이 이부연
총괄디렉터 백운호
책임편집 유인엄
디자인 유어텍스트, 푸른나무디자인

펴낸곳 (주)스몰빅미디어
출판등록 제300-2015-157호(2015년 10월 19일)
주소 서울시 종로구 새문안로3길 30, 세종로 대우빌딩 916호
전화번호 02-722-2260
인쇄·제본 갑우문화사
용지 신광지류유통

ISBN 979-11-91731-49-1 03190

한국어출판권 ⓒ (주)스몰빅미디어, 2019

- 이 책은 저작권법에 따라 보호받는 저작물이므로 무단 전재와 복제를 금지하며, 이 책 내용의 전부 또는 일부를 이용하려면 반드시 저작권자와 (주)스몰빅미디어의 서면 동의를 받아야 합니다.
- (주)스몰빅미디어는 여러분의 원고 투고를 기다리고 있습니다. 출판하고 싶은 원고가 있는 분은 sbmedia15@gmail.com으로 기획 의도와 간단한 개요를 연락처와 함께 보내주시기 바랍니다.
- 한밤의책은 (주)스몰빅미디어의 임프린트 브랜드입니다.

말이 통하기보다
마음이 통하는 사람이 돼라!

센스 있는 말로 마음의 문을 여는 16가지 방법

★★★★★
2017년
NPR
최고의 책

★★★★★
TED
1,500만
조회수

★★★★★
20년차
베테랑
인터뷰어

★★★★★

의사소통이 단절된 시대에 가장 중요한 책이다.
저자 헤들리의 조언은 나의 부부관계, 친구관계, 가족관계가
훨씬 발전될 수 있도록 도와주었다.
– 제시카 레히(〈뉴욕타임즈〉 베스트셀러 작가)

★★★★★

흥분하지 않고 우아하게 리드하는
말센스

셀레스트 헤들리 지음 | 김성환 옮김

“불행한 마음은 언제나
과거 아니면 미래에서 온다!”

마음이 괴로운 이들을 위한 명쾌한 심리 처방전!

그때그때 가볍게 삶을 즐기는 7가지 원칙

- 행복과 불행은 스스로 정한다
- 사소한 것도 소중히 여긴다
- 절대로 옳은 것이나 그른 것은 없다
- 내 것이 아닌 남의 옷은 벗어 던진다
- 덧없는 것들에 집착하지 않는다
- 상처를 없애려고 애쓰지 않는다
- 바꿀 수 없는 건 그냥 놔둔다

30년 상담 경력을 가진 심리학 교수의 인생 코칭

그때그때 가볍게 산다

장성숙 지음